Matthias Weisbrich

Die Liberalisierung des Spielermarktes im Profifußball

Auswirkungen des Bosman-Urteils und Maßnahmen gegen die Fehlentwicklungen

Bachelor + Master
Publishing

Weisbrich, Matthias: Die Liberalisierung des Spielermarktes im Profifußball: Auswirkungen des Bosman-Urteils und Maßnahmen gegen die Fehlentwicklungen, Hamburg, Bachelor + Master Publishing 2013

Originaltitel der Abschlussarbeit: Die Liberalisierung des Spielermarktes im Profifußball

Buch-ISBN: 978-3-95549-199-4
PDF-eBook-ISBN: 978-3-95549-699-9
Druck/Herstellung: Bachelor + Master Publishing, Hamburg, 2013
Zugl. Martin-Luther-Universität Halle-Wittenberg, Halle, Deutschland, Bachelorarbeit, Mai 2010

Bibliografische Information der Deutschen Nationalbibliothek:
Die Deutsche Nationalbibliothek verzeichnet diese Publikation in der Deutschen Nationalbibliografie; detaillierte bibliografische Daten sind im Internet über http://dnb.d-nb.de abrufbar.

© Bachelor + Master Publishing, Imprint der Diplomica Verlag GmbH
Hermannstal 119k, 22119 Hamburg
http://www.diplomica-verlag.de, Hamburg 2013
Printed in Germany

Inhaltsverzeichnis

Abbildungsverzeichnis

Tabellenverzeichnis

Abkürzungsverzeichnis

AFC	Asian Football Confederation
BEF	Belgische Franc
BVB	Ballspielverein Borussia
c. p.	Ceteris paribus
CAF	Confédération Africaine de Football
CONCACAF	Confederation of North, Central American and Caribbean Association Football
CONMEBOL	Confederación Sudamericana de Fútbol
DFB	Deutscher Fußball-Bund
DFL	Deutsche Fußball Liga
EM	Europameisterschaft
EU	Europäische Union
EuGH	Europäischer Gerichtshof
EWG	Europäische Wirtschaftsgemeinschaft
EWR	Europäischer Wirtschaftsraum
FIFA	Fédération Internationale de Football Association
FIFPro	Fédération Internationale de Footballeurs Professionels
HSV	Hamburger SV
INEA	Institute for European Affairs
LAG	Landesarbeitsgericht
LOS	Lizenzordnung Spieler
OFC	Oceania Football Confederation
Rs.	Rechtssache
SVW	Sportverein Werder
UEFA	Union des Associations Européennes de Football
WM	Weltmeisterschaft

Kurzfassung

In der vorliegenden Bachelorarbeit werden die Auswirkungen des *Bosman-Urteils* auf den professionellen Fußball aus theoretischer und empirischer Sicht untersucht.

Mit den Umgestaltungen der Ausländerklauseln geht neben dem Anstieg des Ausländeranteils eine Verbesserung der Spielqualität in den finanzstarken europäischen Profiligen hervor. Aufgrund verringerter Ausbildungsanreize sind die europäischen Nachwuchsspieler unmittelbar als Verlierer des veränderten Regulierungsrahmens auszumachen. Sie erhalten weniger Spielpraxis, da sie fortan gegen stärkere Profispieler aus der ganzen Welt konkurrieren. Entgegen vorherrschender Meinungen kann indessen keine Schwächung der Nationalmannschaften aus den europäischen Topligen beobachtet werden.

Aufgrund des Wegfalls der Transferzahlungen nach Vertragsende zeigt sich, dass sich die Verschiebung der Verfügungsrechte zu Gunsten der Profispieler auswirkt. Folglich steigen ihre durchschnittlichen Vertragslaufzeiten, Ablösesummen und Gehälter. Dabei sind besonders Ungleichgewichte sowohl auf der Spielerebene hinsichtlich der gezahlten Löhne als auch auf nationaler und internationaler Vereinsebene zu beobachten.

In einer spieltheoretischen Analyse werden die *Local-Player-Regelung* und die *„6+5"-Regel* in ihrer Wirksamkeit untersucht. Beide Regeln sollen der schwachen Nachwuchsförderung sowie der finanziellen und sportlichen Ungleichheit zwischen den Fußballclubs entgegenwirken. Es wird deutlich, dass die *Local-Player-Regelung* eine wirkungsvolle Nachwuchsförderung hervorruft. Derweil ist durch die *„6+5"-Regel* ferner eine Angleichung der Spielstärken zu erwarten, da Vereine mit ihr nur noch eine begrenzte Anzahl ausländischer Spieler einsetzen dürfen.

1. Einleitung

1.1 Problemstellung

Innerhalb der beiden zurückliegenden Jahrzehnte ist eine enorme Zunahme der ökonomischen Bedeutung des Profifußballs zu beobachten. Die Globalisierung macht auch vor dem Fußball nicht halt. Eine immer stärkere Professionalisierung des Sports hat darüber hinaus eine stärkere Kommerzialisierung zur Folge. Unzählige Menschen strömen in die Stadien.[1] Die Einschaltquoten bei Fußballspielen im Fernsehen steigen kontinuierlich. Das öffentliche Interesse ist dementsprechend hoch, so dass Sponsoren den Fußball als ideale Plattform erkennen, um sich deutlich sichtbar im Zusammenhang mit erfolgreichen und angesehenen Vereinen zu präsentieren. Folglich können die Fußballvereine seit Jahren steigende Umsätze verzeichnen.[2]

Im Rahmen dieser Bachelorarbeit wird das zentrale Thema der *Liberalisierung des Spielermarktes im Profifußball* untersucht. Dramatische Veränderungen im Transfersystem, wodurch nachhaltige ökonomische Konsequenzen für Spieler und Vereine entstanden sind, machen eine Analyse in dieser Arbeit interessant. In der Vergangenheit hat es bereits zahlreiche wissenschaftliche Beiträge und Aufsätze zum *Bosman-Urteil*[3] gegeben. Seit diesem Urteil sind bis heute circa 15 Jahre vergangen. Immer wieder mussten die Verbände ihre Regulierungen anpassen, um nicht gegen geltendes EU-Recht zu verstoßen. Die Arbeit bezieht sich deshalb im Kern auf den Einfluss von Veränderungen der gesetzlichen Transferrestriktionen auf die ökonomischen Variablen Spielergehälter, Ablösesummen und Vertragslängen. Ebenso bedeutsam sind die Auswirkungen

---

[1] Seit Jahren ist eine stetige Aufwärtsentwicklung der Zuschauerzahlen in der Bundesliga zu beobachten. Waren es 1996/97 noch 28.681 Zuschauer pro Spiel, so stieg der Schnitt bis in die Saison 2003/04 auf 35.048. In der Spielzeit 2009/10 betrug der Durchschnitt sogar 42.499. Vgl. http://www.dfb.de/index.php?id=82912.

[2] Die zwanzig umsatzstärksten europäischen Clubs generierten in der Saison 2008/09 einen kumulierten Gesamtumsatz von über 3,9 Milliarden Euro. Verglichen mit der Vorsaison 2007/08 bedeutet dies ein Umsatzwachstum von 26 Mio. Euro. Vgl.: Deloitte & Touche (2010), S. 1.

[3] Am 15. Dezember 1995 verkündete der Europäische Gerichtshof das sogenannte *Bosman-Urteil* und erklärte damit die bis dahin gültigen Transferregelungen und Ausländerbeschränkungen in den Mannschaftssportarten für nichtig.

auf Nachwuchsspieler, Nationalmannschaften und die Qualität der Profiligen.

1.2 Struktur der Arbeit

Der Aufbau der vorliegenden Arbeit gestaltet sich aufgrund der beschriebenen Problemstellung wie folgt:

Das *zweite* Kapitel behandelt überblickartig den Regulierungsrahmen des
Spielermarktes. Dabei wird auf die Organisationsstruktur des Profifußballs
eingegangen und das Transfersystem vor der Marktöffnung beschrieben.

Die Schlüsselstellung auf dem Weg zur Liberalisierung des Spielermarktes
nimmt das *Bosman-Urteil* von 1995 ein, welches das Transfersystem
grundlegend änderte. Der *dritte* Abschnitt bezieht sich konkret auf die
Entstehung des Urteils sowie auf die Entscheidung des Europäischen
Gerichtshofs (EuGH). Das *Bosman-Urteil* löste eine Bewegung aus, die
weitreichende Anpassungen der verbandsinternen Regelungen, insbesondere im Bereich der Transferentschädigungen und der Ausländerklauseln,
zur Folge hatte.

Schließlich werden im *vierten* Kapitel die ökonomischen Folgen, welche
sich aus den veränderten Rahmenbedingungen ergeben, ausführlich
analysiert. In diesem Abschnitt geht es speziell um die Konsequenzen für
den Spielermarkt durch die Aufhebung von Ausländerklauseln und Transferentschädigungen. Es liegt nahe, das Spannungsverhältnis zwischen
Freizügigkeit von Spielern und Funktionalität von Spielermärkten in wei-
ten Teilen anhand des *Bosman-Urteils* zu untersuchen.

Die ökonomischen Auswirkungen brachten überdies Fehlentwicklungen
mit sich. Problematisch sind vor allem die Ungleichgewichte im Wettbewerb auf Vereinsebene sowie die schwache Nachwuchsförderung. Das
fünfte Kapitel beschreibt und erklärt Maßnahmen der *Fédération Internationale de Football Association (FIFA)* und der *Union des Associations
Européennes de Football (UEFA)*, um diese Entwicklungen zu korrigieren.
Die Wirksamkeit der *Local-Player-Regelung* und der „*6+5*"-*Regel* wird
anhand eines spieltheoretischen Modells untersucht.

Die Arbeit schließt im *sechsten* Kapitel mit einer Zusammenfassung der
Ergebnisse und einem Ausblick auf weiterführende Fragestellungen ab.

2. Regulierungsrahmen des Spielermarktes

2.1 Die Organisationsstruktur der Verbände

Die oberste Instanz im Fußball ist seit ihrer Gründung am 21. Mai 1904 in Paris die *FIFA*, in welcher von Beginn an die Europäer das Geschehen anführen. Der Verband organisiert den Fußball aber weltweit. Zu den Hauptaufgaben der *FIFA* gehören beispielsweise die Förderung der Entwicklung des Fußballs, die Schaffung allgemeiner und weltweit einheitlicher Fußballregeln sowie deren Einhaltung durch die nationalen Verbände.[4] Ferner ist die *FIFA* für die Austragung von Fußball-Weltmeisterschaften zuständig, welche erstmalig 1930 in Uruguay und fortan alle vier Jahre in verschiedenen Ländern der Welt, auf möglichst wechselnden Kontinenten, ausgetragen wird.[5] Ein rein nationales Denken wird somit verhindert.

Im Laufe der Zeit hat sich der Wirkungsbereich der *FIFA* enorm vergrößert, was eine wachsende Koordination seiner verschiedenen Tätigkeiten erfordert. Aktuell ist die *FIFA* in sechs sogenannte Konföderationen aufgeteilt, welche sich nach Kontinenten aufgliedern.[6]

Die *UEFA*, gegründet am 15. Juni 1954 in Basel, handelt als europäischer Vertreter eng mit der *FIFA* und den übrigen Kontinentalverbänden. Zum Aufgabengebiet der *UEFA* zählen in erster Linie die Ausrichtungen der Fußball-Europameisterschaften und der europäischen Pokalwettbewerbe *UEFA Europa League* und *UEFA Champions League*.[7]

Alle Konföderationen vertreten als Dachverbände ihrer nationalen Fußballverbände die Interessen ihrer Mitglieder gegenüber der *FIFA*. In Deutschland unterstützt der *Deutsche Fußball-Bund (DFB)* die Interessen des Amateur- und Profifußballs. Infolge der Kommerzialisierung erhöhte sich der Organisationsaufwand des Ligaspielbetriebs, so dass sich am 1. Juli 2001 die *Deutsche Fußball Liga (DFL)* und der *Ligaverband*, in Personalunion, herausgegliedert haben. Unterdessen vergibt der *Ligaverband*

---

[4] Vgl. Erning (2000), S. 39.

[5] Aufgrund des 2. Weltkrieges fanden 1942 und 1946 keine Weltmeisterschaften statt.

[6] AFC in Asien, CAF in Afrika, CONCACAF in Nord- und Mittelamerika sowie der Karibik, CONMEBOL in Südamerika, UEFA in Europa und OFC in Ozeanien.

[7] Vgl. Erning (2000), S. 40.

die Lizenzen für die deutschen Profivereine und garantiert die Ordnung des Spielbetriebes. Die *DFL* führt das operative Geschäft durch.[8]

Arbeitsmarktregelungen des Profifußballs ergeben sich hauptsächlich aus den Bestimmungen der zuständigen Verbände *FIFA*, *UEFA* und *DFB*. Dabei dürfen die von diesen Organisationen verabschiedeten Regelungen nicht gegen die jeweils höhere Satzung verstoßen. So ist das Lizenzspielerstatut des *DFB* zur Umsetzung der Transferbestimmungen von *UEFA* bzw. *FIFA* abhängig.[9] *Abb. 1* veranschaulicht dies im Gesamtüberblick.

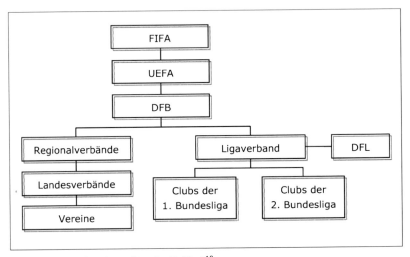

Abb. 1: Die Verbandsstruktur im Fußball[10]

Die Entwicklung ab den 50er Jahren in Richtung europäischer Einheit mit den Zielen Freizügigkeit der Produktionsfaktoren Arbeit und Kapital sowie freier Güter- und Dienstleistungsverkehr zog gleichermaßen beachtliche Folgen für den Sport nach sich.[11] So hat auch das EU-Recht eine nachhaltige Wirkung auf die Organisationsstruktur des Profifußballs. Erstmals zeigte sich dies 1973, als der EuGH entschied, dass die Ausübung eines Sports dem EU-Recht unterliegt, insofern sie eine wirtschaftliche Tätigkeit darstellt. Aufgrund der Popularität und steigender Professionalität des Fußballs zu Beginn der 90er Jahre ist dieser zu einem bedeutenden Wirtschaftszweig erwachsen und fällt somit unter das EU-Recht.

---

[8] Vgl. DFL (2004), § 4 Abs. 1 Satzung.

[9] Vgl. Hübl & Swieter (2002a), S. 28, Busche (2004), S. 90.

[10] Brast & Stübinger (2005), S. 24.

[11] Vgl. Busche (2004), S. 90.

2.2 Die Situation vor dem Bosman-Urteil

Bis Mitte der 90er Jahre unterschieden die Regelungen der Fußballverbände nicht zwischen Transfers von Berufsfußballspielern während oder nach Ablauf der Vertragslaufzeit. So musste der kaufende Verein stets eine sogenannte „Förderungs- bzw. Ausbildungsentschädigung" an den abgebenden Verein entrichten. Die Existenz einer Transferentschädigung wird mit der Bereitstellung von Ausbildungsleistungen bzw. Aufwendungen für Erstellung spielerischer Ausbildung begründet.[12] Bei einem Vereinswechsel von Spielern war demnach auf jeden Fall eine Ablösesumme[13] zu entrichten, wobei die Höhe zwischen den beteiligten Vereinen frei verhandelt wurde.[14] Ein Fußballclub hatte demnach jederzeit die Möglichkeit, dem Spieler einen Vereinswechsel zu untersagen. Schließlich konnte ein Verein, welcher den Abgang eines wichtigen Spielers verhindern wollte, die Transferforderung ausreichend hoch ansetzen, um den betroffenen Spieler an sich zu binden und auf diese Weise seine schwache Verhandlungsposition auszunutzen.[15] Des Weiteren sahen die Arbeitsmarktregulierungen vor, dass Mannschaften lediglich drei Spieler ausländischer Herkunft einsetzen dürfen.[16]

Dieses Reglement ließ vermuten, dass es gegen höherrangiges Recht der EU verstößt, da es die Arbeitnehmerfreizügigkeit, konkret die der Berufsfußballspieler, einschränkt. In diesem Fall wären die Bestimmungen der Fußballverbände unwirksam, und es bedarf ihrer Aufhebung bzw. Änderung.[17]

---

[12] Vgl. Büch & Schellhaaß (1978), S. 257.

[13] Eine „Ablösesumme" ist als vorzeitiges Ablösen von langfristigen Verträgen durch den neuen Verein zu verstehen. Die Begriffe Ablösesumme, Ablösezahlung, Transferentschädigung und Transferzahlung werden im Folgenden als Synonym verwendet.

[14] Vgl. Busche (2004), S. 89.

[15] Vgl. Erning (2000), S. 172.

[16] Auch als „Nationalitätenklausel" bekannt.

[17] Vgl. Busche (2004), S. 90.

3. Das Bosman-Urteil

3.1 Der Hintergrund

Das Schweizer Bundesgericht hat vorangehend im Juni 1976 entschieden, dass die im Profifußball bestehenden Zahlungen bei einem Spielertransfer „unsittlich und rechtswidrig" sind.[18] Auch das Landesarbeitsgericht (LAG) Berlin bewirkte 1979 einen beachtlichen Einschnitt. Das Gericht befand, dass die existenten Transferbestimmungen gegen das Recht der freien Arbeitsplatzwahl verstoßen. Die Pflicht zur Bezahlung einer Ablösesumme sei nicht mit Artikel 12 Absatz 1 des Grundgesetzes der Bundesrepublik Deutschland vereinbar.[19] An der Situation der schwachen Stellung von Berufsfußballern änderte sich dennoch zunächst nichts. Nach wie vor war die Verhandlungsposition eines Profis schwächer als die eines gewöhnlichen Arbeitnehmers.[20]

Dessen ungeachtet sorgte erst das *Bosman-Urteil* 1995 für die Schlüsselentscheidung auf dem Weg zur Liberalisierung des Spielermarktes. Das Urteil des EuGH beschränkte sich jedoch nicht ausschließlich auf den Fußball. Es umfasste zugleich alle professionell betriebenen Mannschaftssportarten, wie z.B. Basketball, Eishockey oder Handball.[21]

Wie vielen bahnbrechenden Urteilen geht auch dem *Bosman-Urteil* eine recht groteske Entstehungsgeschichte voraus. Der belgische Fußballprofi *Jean Marc Bosman* spielte bis zur Saison 1989/90 für den *RC Lüttich*. Sein monatliches Entgelt belief sich bis dahin auf 120.000 Belgische Francs (BEF).[22] Da sein Vertrag zum Ende der Spielzeit auslief, bot ihm sein Verein für die darauffolgende Saison zwar einen neuen einjährigen Vertrag, allerdings zu stark reduzierten Bezügen. Der *RC Lüttich* war von der spielerischen Leistungsfähigkeit des Spielers scheinbar nicht vollständig überzeugt, so dass das Monatsgehalt nach dem neuen Vertrag nur noch 30.000 BEF betragen sollte. Dieses Angebot schlug der Spieler *Bosman* jedoch aus.

---

[18] Vgl. Büch & Schellhaaß (1978), S. 255.

[19] Vgl. LAG Berlin, Urteil vom 21.06.1979, 4 Sa 127/78.

[20] Vgl. Erning (2000), S. 173.

[21] Vgl. Riedl & Cachay (2002), S. 14.

[22] Der BEF wurde mit dem Euro 1999 ersetzt. Ein Euro ist mit 40,34 BEF gleichwertig.

Daraufhin endete sein alter Vertrag fristgemäß zum 30. Juni 1990. Bemühungen eines Vereinswechsels innerhalb der ersten belgischen Liga schlugen fehl.

Eine Lösung schien Ende Juli 1990 in Sicht. *Jean Marc Bosman* unterschrieb einen Einjahresvertrag auf Leihbasis plus Kaufoption beim französischen Zweitligisten *US Dünkirchen*, welcher sich mit dem *RC Lüttich* auf eine Ablösesumme von 1,2 Mio. BEF einigte. Der vermeintlich sicher geglaubte Deal scheiterte allerdings. Damit ein grenzüberschreitender Wechsel vollzogen werden konnte, musste vom abgebenden Verein ein sogenannter Freigabeschein beantragt werden. Diesen ließ sich der *RC Lüttich* vom belgischen Fußballverband jedoch nicht ausstellen, weil er an der Zahlungsfähigkeit des *US Dünkirchen* Zweifel hegte. Der französische Zweitligist befand sich in der Tat in finanzieller Not. Demzufolge sah der *RC Lüttich* die Zahlung der Transferentschädigung in Gefahr. Daraufhin erhielt der Belgier *Bosman* keine Spielberechtigung für die französische Liga. Die zuvor geschlossenen Verträge zwischen Spieler und Vereinen wurden unwirksam. Infolgedessen sperrte der *RC Lüttich Bosman* vom Spielbetrieb der Saison 1990/91. Seinen Beruf als Profifußballer konnte *Bosman* in dieser Zeit nicht ausüben.[23]

Schließlich verklagte er seinen alten Arbeitgeber und den belgischen Fußballverband auf Schadensersatz sowie Verzicht auf Forderungen von Ablösesummen als notwendige Bedingung eines Vereinswechsels.

Im Rahmen des Verfahrens wurde der Europäische Gerichtshof zur Klärung folgender Fragen beauftragt:

- Zum einen sollte dieser entscheiden, ob das Satzungsrecht der europäischen Fußballverbände, welches eine Transferentschädigung auch nach Vertragsende vorsah, gegen die Arbeitnehmerfreizügigkeit nach Artikel 48 EWG-Vertrag verstößt.

- Zum anderen bestand die Vermutung der Unvereinbarkeit restriktiver Zugangsbestimmungen von ausländischen Spielern aus der europäischen Gemeinschaft mit Artikel 48 EWG-Vertrag.[24]

---

[23] Vgl. Schellhaaß & May (2002), S. 129, Dinkelmeier (1999), S. 41 ff.

[24] Vgl. Busche (2004), S. 91, Hübl & Swieter (2002b), S. 109.

Während sich die erste Problemstellung direkt auf die Klage von *Jean Marc Bosman* bezog, besteht kein unmittelbarer Zusammenhang der Klage mit dem zweiten Punkt, da der Transfer nicht aufgrund der bestehenden Ausländerklauseln scheiterte. Dennoch nahm sich der EuGH beiden Fragen an.

3.2 Die Entscheidung des Europäischen Gerichtshofs

Mit dem „*Bosman-Urteil*" entschied der EuGH, dass sowohl das damals geltende Transfersystem im Berufsfußball als auch die Ausländerklausel, die eine Beschränkung ausländischer Spieler in Mannschaften der EU vorsah, nicht mit dem Recht der Europäischen Gemeinschaft, hier insbesondere mit Artikel 48 EWG-Vertrag vereinbar war.[25] Im Kern lässt sich das Urteil, welches am 15. Dezember 1995 verkündet wurde, wie folgt darstellen:

- „*Artikel 48 EWG-Vertrag steht der Anwendung von durch Sportverbände aufgestellten Regeln entgegen, nach denen ein Berufsfußballspieler, der Staatsangehöriger eines Mitgliedstaats ist, bei Ablauf des Vertrages, der ihn an einen Verein bindet, nur dann von einem Verein eines anderen Mitgliedstaats beschäftigt werden kann, wenn dieser dem bisherigen Verein eine Transfer-, Ausbildungs- oder Förderungsentschädigung gezahlt hat.*"[26]

- „*Artikel 48 EWG-Vertrag steht der Anwendung von durch Sportverbände aufgestellten Regeln entgegen, nach denen die Fußballvereine bei den Spielen der von diesen Verbänden veranstalteten Wettkämpfe nur eine begrenzte Anzahl von Berufsspielern, die Staatsangehörige anderer Mitgliedsstaaten sind, aufstellen können.*"[27]

Aus dem Urteil ergibt sich sogleich, dass Zahlungen von Ablösesummen nur noch bei Vereinswechseln während der Vertragslaufzeit zulässig sind.[28] Zudem dürfen seither beliebig viele Spieler eingesetzt werden, die einem Mitgliedstaat der *UEFA* angehören.

---

[25] Vgl. Trommer (1999), S. 57 ff.
[26] EuGH, Urteil vom 15. Dezember 1995, Rs. C-415/93.
[27] Ebd.
[28] Vgl. Trommer (1999), S. 79.

3.3 Anpassungen verbandsinterner Regulierungen

Für die Umsetzung des *Bosman-Urteils* wurde seitens des EuGH kein Aufschub gestattet. Das Urteil war sofort rechtskräftig. Da die bis dahin geltenden Bestimmungen der Fußballverbände gegen höherrangiges Recht verstießen, bedurfte es ihrer Aufhebung bzw. Änderung.

3.3.1 Ausländerbeschränkung

Die Wirkung der Ausländerregelung trat direkt in der Saison 1996/97 ein. Zusätzlich durften bis zu drei Spieler aus „Nicht-UEFA-Staaten" aufgestellt werden. Mit Beginn der Saison 2001/02 erhöhte sich diese Zahl auf fünf.[29]

Im April 2005 hob der Europäische Gerichtshof aber auch diese Beschränkung gänzlich auf. Das Gericht gab einer Klage des russischen Fußballprofis *Igor Simutenkov* statt, welcher gegen eine Regelung des spanischen Fußballverbandes geklagt hatte, wonach Spieler aus „Nicht-EU-Ländern" nur begrenzt aufgestellt werden dürfen. Mit diesem Urteil wurde auch das Tor für die Beschäftigung von Fußballern aus „Nicht-EU-Staaten" weit geöffnet.[30] Daraufhin untersagte die *DFL*, in einem Beschluss der Mitgliederversammlung vom 21. Dezember 2005, die bis dahin geltende Limitierung dieser Spielergruppe.[31]

Auch das Drängen einiger finanzstarker Vereine mag zu dieser Entscheidung beigetragen haben. In ihren Profikadern befanden sich zunehmend mehr Spieler aus außereuropäischen Ländern. Überdies befürchteten sie Wettbewerbsnachteile im europäischen Pokalwettbewerb mit Mannschaften aus Ländern, die keine derartigen Beschränkungen besaßen.

Wie in den europäischen Club-Wettbewerben *UEFA Champions League* und *UEFA Europa League* gibt es seit der Saison 2006/07 auch in den deutschen Profiligen keine Ausländerbeschränkung mehr.

---

[29] Vgl. Hübl & Swieter (2002b), S. 110.
[30] Vgl. EuGH, Urteil vom 12. April 2005, Rs. C-265/03.
[31] Vgl. Pache & Weber (2006), S. 220.

3.3.2 Transferentschädigung

Die Umsetzung der Beschlüsse im Bereich der Ablösesummen gestaltete sich hingegen deutlich umfangreicher. Bereits gezahlte oder schon geschuldete Ablösesummen für abgeschlossene Transfers waren nicht betroffen.[32] Zwar wurde das *Bosman-Urteil* sofort wirksam, dennoch wurde dem *DFB* eine Übergangsphase eingeräumt, indem abschwächende Klauseln galten. Sowohl Verein als auch Spieler hatten die Möglichkeit, einen auslaufenden Vertrag um ein weiteres Jahr fortsetzen zu lassen. Von dieser Option machten überwiegend die Vereine Gebrauch.[33]

Des Weiteren musste von nun an zwischen laufenden und endenden Verträgen unterschieden werden. Möchte ein Spieler nach Vertragsende den Verein wechseln, so muss der aufnehmende Verein keine Ablöse zahlen. Der abgebende Verein kann somit den Abgang eines wechselwilligen Spielers nicht mehr verhindern, indem er eine utopische Transferentschädigung fordert. Bei Einwilligung zur vorzeitigen Vertragsauflösung kann nach wie vor eine Ablösezahlung verlangt werden, welche sich an die entgangenen Erträge aufgrund des vorzeitigen Spielerwechsels anlehnt.[34] Die Begleichung einer Transferentschädigung ist in diesem Fall ökonomisch erklärbar. Genauer wird hierauf in *Kapitel 4.3.3* eingegangen.

Die Urteilswirkung erstreckte sich darüber hinaus nur auf grenzüberschreitende Wechsel von Berufsfußballern, die die Staatsbürgerschaft eines EU-Landes besaßen. Eine Umsetzung des *Bosman-Urteils* in dieser Form hätte dementsprechend eine Inländerdiskriminierung zur Folge gehabt.[35] Beispielsweise hätte ein deutscher Profifußballer gegenüber einem EU-Ausländer eine deutlich schlechtere Verhandlungsposition, insofern ein Wechsel innerhalb eines Landes vollzogen werden sollte. Generell konnten für Vereinswechsel nach Vertragsende innerhalb eines Mitgliedslandes sowie bei einem Transfer ins oder vom Nicht-EU-Ausland Ablösezahlungen gefordert werden.

---

[32] Vgl. Trommer (1999), S. 76.
[33] Vgl. Busche (2004), S. 92.
[34] Vgl. Hübl & Swieter (2002b), S. 110.
[35] Vgl. Dinkelmeier (1999), S. 129.

Der deutsche Profifußball, in Form des *DFB*, reagierte umgehend. Er schaffte zur Saison 1996/97 auch sämtliche Transferentschädigungen bei Vereinswechseln innerhalb des Landes nach Vertragsablauf ab.[36]

Das Problem bestehender Ablösepflicht bei Transfers ins oder vom Nicht-EU-Ausland wurde durch eine Entscheidung der *FIFA* gelöst. Ab dem 1. April 1999 war auch diese Gruppe von der Regel befreit.

Doch damit nicht genug. Die Reformarbeiten am Transfersystem waren noch nicht beendet. Die EU-Kommission sah die Freizügigkeit der Spieler auch nach Umsetzung der Änderungen in Folge des *Bosman-Urteils* weiterhin nicht gewährleistet. Gründe hierfür waren sowohl stark steigende Ablösesummen bei dem Wechsel eines Profifußballers vor Vertragsende als auch der Trend zum Abschluss langfristiger Verträge.[37] Detaillierte Ausführungen hierzu finden sich in *Kapitel 4.3* wieder.

Ein Kompromiss zwischen *FIFA*, *UEFA* und EU-Kommission regelt seit September 2001 das Transfersystem. Im *FIFA-Reglement bezüglich Status und Transfer von Spielern* wurde insbesondere festgehalten, dass bei Spielern bis zum 23. Lebensjahr auch nach Vertragsablauf eine pauschalisierte Ablösesumme fällig wird.[38] Somit werden Vereine, die an der Ausbildung des Spielers beteiligt waren, finanziell vergütet.[39] Durch die sogenannte „Ausbildungsentschädigung" kann die Ausbildungsinvestition im Regelfall gedeckt werden. Sie sorgt demgemäß für die Internalisierung positiver externer Effekte.[40]

Des Weiteren gilt, dass Verträge bis zu einer Höchstdauer von fünf Jahren abgeschlossen werden dürfen. Ein eingeschränktes Recht zur ordentlichen Kündigung beider Vertragsseiten wurde eingebettet, so dass Verträge bei Spielern bis zum 28. Lebensjahr drei Jahre nicht einseitig kündbar sind.

---

[36] Vgl. Hübl & Swieter (2002b), S. 110, Hintermeier & Rettberg (2006), S. 51.

[37] Vgl. Hübl & Swieter (2002b), S. 110 f.

[38] Vgl. FIFA (2009), Art. 20, S. 20.

[39] Als Beispiel kann der Transfer des 21-jährigen Japaners *Shinji Kagawa* von *Cerezo Osaka (Japan League Division 1)* zu *Borussia Dortmund* zur Saison 2010/11 dienen. Trotz beendeter Vertragslaufzeit musste der *BVB* eine Ausbildungsentschädigung von 350.000 Euro überweisen. Diese teilt sich dem *FIFA-Reglement bezüglich Status und Transfer von Spielern* entsprechend auf alle Ausbildungsvereine des Spielers auf.

[40] Die Bestimmungen des *FIFA-Reglements* zum Solidaritätsbeitrag können im Detail in Anlage I nachgeschlagen werden.

Bei älteren Spielern sind es zwei Jahre. Von dieser Regel darf nur abgewichen werden, insofern ein „triftiger Grund" oder ein „sportlich triftiger Grund" vorliegt.[41]

Abb. 2 gibt zusammenfassend einen Überblick über die soeben erläuterten Transferbestimmungen bei einem Wechsel eines Profifußballers.

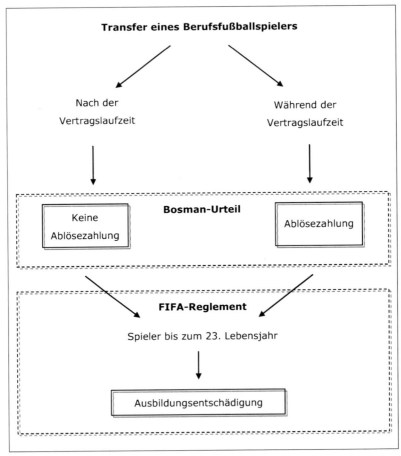

Abb. 2: Transferregelungen bzgl. Ablösezahlungen im Überblick[42]

---

[41] Vgl. FIFA (2009), Art. 14 f., S. 13.

[42] Eigene Darstellung in Anlehnung an Von Freyberg (2005), S. 180. In der hier dargestellten Abbildung wird, im Gegensatz zur Abbildung Von Freybergs, nicht zwischen Spielertransfers innerhalb und außerhalb der EU/EWR unterschieden. Zwar galt das Bosman-Urteil nur für EU/EWR-Länder, die *FIFA* setzte das Urteil aber weltweit um. Eine Unterscheidung von Spielertransfers innerhalb und außerhalb der EU/EWR erscheint daher nicht mehr sinnvoll.

4. Ökonomische Auswirkungen aufgrund veränderter Rahmenbedingungen

4.1 Erste Reaktionen auf die Öffnung des Spielermarktes

Die veränderte Rechtslage infolge des *Bosman-Urteils* 1995 sowie die daraus resultierenden verbandsinternen Regeländerungen, hauptsächlich die Umgestaltung des *FIFA-Reglements bezüglich Status und Transfer von Spielern* im Jahr 2001, sorgte sowohl in der Öffentlichkeit als auch bei den beteiligten Akteuren für große Beachtung. Während die Spieler die nahezu vollständige Liberalisierung des Spielermarktes begrüßten, machte sich bei den Fußballverbänden und Vereinen eine scheinbar exorbitante Ernüchterung breit. Einige Vertreter befürchteten sogar den Untergang des professionellen Fußballs.[43]

In der Aufhebung sämtlicher Ausländerbeschränkungen sahen die europäischen Nationalverbände eine Bedrohung für inländische Berufsfußballer, insbesondere für einheimische Nachwuchsspieler, wodurch sogleich eine Schwächung der Nationalmannschaften erwartet wurde. Weiterhin wurde angenommen, dass der Identifikationsgrad der Konsumenten mit den Mannschaften abnimmt und somit die Nachfrage nach dem Produkt Fußball nachlässt.[44]

Durch den Wegfall der Ablösesummen nach Vertragsende könnte die finanzielle und sportliche Ausgeglichenheit in den Ligen gefährdet sein, wodurch vermutlich die Attraktivität des Fußballspiels verloren gehen könnte. Konsumenten präferieren einen spannenden Wettkampf gegenüber einem vorhersehbaren Spielausgang. Die Spielstärken der Mannschaften sollten demnach nicht zu stark voneinander abweichen. Forderungen zur Wiedereinführung restriktiver Regeln basieren unter anderem auf der sogenannten „Unsicherheitshypothese", wonach eine ausgeglichene Spielstärkenverteilung zwischen den Teams zur Unsicherheit des Spielausganges beiträgt und daher einen entscheidenden Einfluss auf die Konsumhöhe aufweist.[45]

---

[43] Vgl. Busche (2004), S. 93.
[44] Vgl. Ebd.
[45] Vgl. Hübl & Swieter (2002a), S. 21 f.

Die Auswirkungen infolge der Marktöffnung auf dem Spielermarkt waren in der Tat enorm. Die Verhandlungsposition der Spieler hat sich gegenüber den Vereinen massiv verbessert. Es kommt demnach zu einer Verschiebung der Machtverhältnisse in Richtung der Spieler. Insbesondere nach Vertragsablauf haben sie die freie Vereinswahl. Zuvor konnte der alte Verein nahezu jeden Wechsel verhindern, indem eine zu hohe Transferentschädigung verlangt wurde.

Weil es nach dem *Bosman-Urteil* auch keinerlei Ausländerbeschränkungen mehr gibt, sind die Spieler nun deutlich mobiler. Sie werden im Regelfall dorthin gehen, wo sie am höchsten entlohnt werden. Ihre Handlungsmöglichkeiten haben sich im Ganzen ausgedehnt. Aktuell wird allerdings mithilfe der *„6+5"-Regel* dieser Entwicklung entgegengewirkt. In *Kapitel 5.3* wird dazu ausführlich Stellung bezogen.

Es bietet sich an, im folgendem Verlauf der Arbeit zwischen den Änderungen der Ausländerklauseln sowie dem Wegfall der Ablösezahlung nach Vertragsende zu unterscheiden, um gezielt auf die einzelnen ökonomischen Effekte aufgrund der veränderter Rahmenbedingungen einzugehen.

4.2 Umgestaltung der Ausländerklauseln

4.2.1 Funktionen der Ausländerbeschränkungen

Offizielles Ziel der Verbände war die Erhaltung der Identifikation der Zuschauer mit den Mannschaften.[46] Demnach wird davon ausgegangen, dass sich die Anhänger eines Teams bei einer zu hohen Anzahl ausländischer Spieler nicht mehr ausreichend mit der eigenen Mannschaft identifizieren können. Stets wird behauptet, dass Ausländerklauseln eine schützende Aufgabe besitzen. Vereine werden bewahrt, zu viele ausländische Spieler zu verpflichten, wodurch ein Nachfragerückgang des Publikums einhergehen könnte.[47] Diese These ist ökonomisch allerdings nicht haltbar. Einerseits haben Vereine bereits vor der Marktöffnung ihre Teams aus dem gesamten nationalen Raum zusammengestellt[48], andererseits werden rational handelnde Fußballclubs bei der Wahl des Teamgefüges die Präferenzen des Publikums einbeziehen.[49] Auch die zunehmenden Tendenzen der Globalisierung tragen ihren Teil dazu bei. In Ballungsgebieten mit hohem Ausländeranteil könnten ausländische Spieler die Nachfrage sogar weiter anregen.[50] Es ist daher festzuhalten, dass die Funktion von Ausländerbeschränkungen nicht mit der Thematik der Identifikation der Zuschauer begründbar ist. Vielmehr ist die Identifikation mit dem gesamten Team sowie dessen Erfolge entscheidend.[51]

Als weiterer Rechtfertigungsgrund von Ausländerklauseln wird der Schutz des inländischen Nachwuchses vor ausländischer Konkurrenz angeführt.[52] Restriktive Regeln für ausländische Spieler tragen dazu bei, dass einheimische Spieler zu mehr Einsatzzeiten kommen. Dies käme wiederum den Nationalmannschaften zugute. Hier spielt die Elite der gesamten nationalen Liga. Nach Aufhebung der Ausländerbeschränkung entfiel dieser Zusammenhang jedoch. Die besten Spieler der Vereine sind fortan nicht mehr mit den Spielern in den Nationalmannschaften kongruent, da sie

---

[46] Vgl. Erning (2000), S. 183.
[47] Vgl. Riedl & Cachay (2002), S. 41.
[48] Vgl. Ebd.
[49] Vgl. Frick & Wagner (1996), S. 611.
[50] Vgl. Erning (2000), S. 184.
[51] Vgl. Swieter (2002), S. 97.
[52] Vgl. Frick & Wagner (1996), S. 613 f.

auch in anderen Nationalmannschaften vertreten sind.[53] Nachwuchsspieler konkurrieren nun gegen eine größere Zahl von Spielern. Während sie vor dem *Bosman-Urteil* nur national mit älteren qualifizierten Spielern rivalisierten, so ist die Konkurrenz zusätzlich um ausländische Nachwuchsspieler sowie einer deutlich erhöhten Anzahl älterer qualifizierter Spieler aus dem Ausland gewachsen. Es ist anzunehmen, dass Vereine lieber auf fertig ausgebildete Spieler zurückgreifen, anstatt junge nichtausgebildete Spieler aufzustellen. Somit könne die Problematik des kurzfristigen Erfolgs, im Hinblick auf die sportlichen und ökonomischen Konsequenzen von Siegen und Niederlagen, gelöst werden. Der langfristige Aufbau von Nachwuchsspielern kann umgangen werden. Folgerichtig ist festzustellen, dass ein offener Spielermarkt das sportliche Risiko der Vereine verringert. So können sie Spieler je nach Bedarf verpflichten, und sind nicht gezwungen junge Spieler langfristig aufbauen und integrieren zu müssen.[54]

4.2.2 Entwicklung des Ausländeranteils

Beizeiten wurden die Auswirkungen des *Bosman-Urteils* sowie des darauf folgenden *FIFA-Reglements* hinsichtlich der Aufhebung der Ausländerbeschränkungen vorausgesagt.[55] Den Berufsspieler als Produktionsfaktor im Fußball zieht es dort hin, wo er besonders stark nachgefragt wird bzw. wo die Zahlungsbereitschaft der Fußballvereine am höchsten ist. Die Faktormengen des Produktionsfaktors Spieler wandern solange, bis sich Gleichgewichtspreise für den Faktor Fußballspieler einstellen.[56] Es geschah genau das, was als Folge einer Marktöffnung aus der Außenhandelstheorie bekannt ist. Da das wirtschaftliche Gefälle zwischen den verschiedenen Fußballligen sehr unterschiedlich ist, wechselten vermehrt leistungsfähige Spieler in die europäischen *„Big Five"-Ligen*.[57] Dort wird aufgrund der Größe sowie der Finanzkraft des verfügbaren Zuschauerpotentials und dem damit einhergehenden Engagement der Sponsoren und

---

[53] Vgl. Riedl & Cachay (2002), S. 42.

[54] Vgl. Ebd., S. 43.

[55] Vgl. Frick & Wagner (1996), S. 613 f.

[56] Berthold & Neumann (2005a), S. 6.

[57] Die europäischen *„Big Five"-Ligen* sind die fünf umsatzstärksten Ligen der Welt. Dazu gehören England, Spanien, Deutschland, Italien und Frankreich.

Medien außerordentlich hoher Umsatz generiert.[58] Demzufolge sind auch die Löhne in diesen Ligen vergleichsweise hoch. Die Verdienstmöglichkeiten in kleineren Ländern wie der Niederlande, Portugal oder Österreich sind dagegen deutlich geringer. Folglich kam es nach der Marktöffnung in den umsatzstarken Ligen zu einem sprunghaften Anstieg der Fußballer-Importe.

Exemplarisch wird in *Abb. 3* die Entwicklung des Ausländeranteils in der deutschen Fußball-Bundesliga aufgezeigt. Es wird klar, welche Folgen das *Bosman-Urteil* hatte. In den Spielzeiten 1992/93 bis 1995/96 lag der Ausländeranteil zwischen 15 % und 19 %. Die bis dahin begrenzten Ausländerkontingente, welche drei von elf Spielern in der Mannschaftsaufstellung zuließen, wurden demnach nahezu vollständig ausgeschöpft.[59]

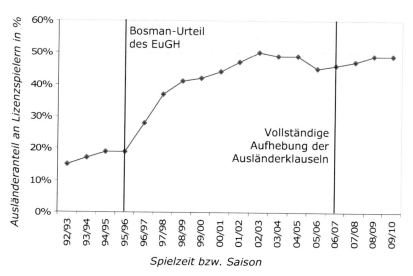

Abb. 3: Entwicklung des Ausländeranteils in der 1. Bundesliga[60]

Der Ausländerboom begann unmittelbar, nachdem der *DFB* die verbandsinternen Statuten hinsichtlich der Aufhebung der Ausländerbeschränkung änderte. Die mit Beginn der Saison 2001/02 erhöhte Zahl der einsetzba-

---

58 Vgl. Thomé (2003), S. 160 f.

59 Vgl. Riedl & Cachay (2002), S. 95.

60 Eigene Darstellung in Anlehnung an Schellhaaß & May (2003), S. 251. Die Werte von den Spielzeiten 1992/93 bis 2008/09 sind dem DFL Bundesliga-Report (2009), S. 130, entnommen. Der Wert aus der Saison 2009/10 entstammt von http://www. transfermarkt.de/de/1-bundesliga/startseite/wettbewerb_L1.html.

ren Spieler aus „Nicht-UEFA-Staaten" von drei auf fünf sorgte für einen weiteren Schub. Bis zur Spielzeit 2002/03 stieg die Gesamtquote kontinuierlich bis auf 50 %. Der Aufschrei und die Besorgnis um einheimische Talente waren infolge dieser Entwicklung groß. Trotz Einführung der *Local-Player-Regelung* 2006/07 stieg die Prozentzahl bis 2008/09 wieder bis auf 49. Begründbar ist diese erneute Steigung aufgrund der zeitgleichen völligen Auflösung der Restriktion für Spieler aus „Nicht-UEFA-Staaten".

Zu fragen ist, wie die zukünftige Entwicklung des Ausländeranteils weitergehen wird. Die Einführung der *„6+5"-Regel* könnte einen erheblichen Einfluss auf den Ausländeranteil nehmen. Da sich die Zahlen aber nur auf die Kaderzugehörigkeit beziehen, kann keine Aussage über die Spielzeiten gemacht werden. Aufgrund der bestehenden *Local-Player-Regelung* sind die Profivereine verpflichtet, mindestens acht lokal ausgebildete Spieler im Kader zu führen. Bei einer durchschnittlichen Kadergröße von ca. 29 Spielern[61], und einem Ausländeranteil von derzeit 49 %, sind ca. 14 Spieler pro Team ausländischer Herkunft. Fußballvereine könnten zweifelsohne ihre Startformationen ausschließlich mit ausländischen Spielern besetzen. Es ist also zu vermuten, dass die Spielzeiten derer sehr hoch sind. Die Neueinführung der *„6+5"-Regel* würde dementsprechend die Einsatzzeiten dieser Spieler drastisch verringern, nicht aber zwingend den Anteil an ausländischen Profispielern im Kader.

4.2.3 Qualitätsänderungen in den Profiligen

Die Marktöffnung angesichts des *Bosman-Urteils* hat Verdrängungseffekte zur Folge. Der internationale Markt arbeitet hierbei effizient. Bei gleicher Qualität werden kostengünstigere ausländische Arbeitskräfte verpflichtet. Ebenso werden Ligen durch ausländische Fußballstars attraktiver. Dafür müssen wiederum leistungsschwächere inländische Profispieler zu Vereinen aus der zweiten oder dritten Liga ausweichen.[62] Infolgedessen ergibt sich eine Umverteilung an Fußballern, die Qualitätsänderungen in allen Profiligen der Welt verursacht. Je nach Größe und Finanzkraft der jeweiligen Liga erhöht oder verringert sich dort das Spielniveau.

---

[61] Vgl. http://www.transfermarkt.de/de/1-bundesliga/startseite/wettbewerb_L1.html.
[62] Vgl. Berthold & Neumann (2005b), S. 4.

Aufgrund des Wegfalls der Ausländerklauseln können Vereine bei der Spielerrekrutierung nunmehr die Restriktion *Nationalität* vernachlässigen. Die Konzentration gilt fortan umso mehr der sportlichen Leistungsfähigkeit des Spielers.[63] Da die deutsche Bundesliga zu den finanzstärksten Ligen der Welt gehört, wandern folgerichtig leistungsfähige ausländische Spieler in diese Liga. Mit diesen Transfers steigt auch die Qualität, da bessere Ausländer schwächere Inländer verdrängen.

Nicht allein die Umverteilung verschiedener Spielerqualitäten sorgt für Qualitätsänderungen. Der erhöhte Wettbewerb in den *„Big Five"-Ligen* bewirkt einen zusätzlichen Qualitätssprung.[64] Selbst gestandene Nationalspieler finden sich oftmals auf der Ersatzbank wieder. Der Einsatz in der Startformation erfordert aufgrund der gestiegenen Konkurrenz eine höhere Leistungsbereitschaft der Spieler, als dies vor der Marktöffnung der Fall war. Des Weiteren kommt es zwischen inländischen und ausländischen Spielern innerhalb einer Liga bzw. eines Vereins zu gegenseitigen Wissenstransfers und Lerneffekten, was ebenso zu einer Stärkung der Spielattraktivität beiträgt.

Indessen haben Qualitätssteigerungen in finanzstarken Ligen Qualitätsverluste in finanzschwächeren Ligen zur Folge. Gehörten niederländische Vereine bis zum *Bosman-Urteil* noch zu den europäischen Spitzenteams, so werden heute regelmäßig die besten Spieler aus ihnen herausgekauft.[65] So betrug das Transfersaldo der niederländischen *Eredivisie* in den letzten fünf Jahren durchschnittlich plus 38.822.000 Euro. Noch deutlicher wird dies in der brasilianischen *Campeonato Série A*. Sie erzielt pro Jahr einen Überschuss von 108.543.375 Euro.[66] Die Werte beschreiben, in welchem Maße Spielerqualitäten Jahr für Jahr in finanzstärkere Ligen abgegeben werden und somit das Spielniveau in diesen Ligen erheblich sinkt. Da solche finanzschwachen Ligen nur wenige Umsätze aus Sponsoring, Medienrechten oder Ticketverkäufen erzielen, werden diese

---

[63] Vgl. Riedl & Cachay (2002), S. 106.

[64] Vgl. Frick & Wagner (1996), S. 612.

[65] Zuletzt konnte 1995 eine niederländische Mannschaft den Pokal der Landesmeister, heute *UEFA Champions League*, gewinnen. Zuvor gelang es viermal *Ajax Amsterdam* sowie je einmal *Feyenoord Rotterdam* und *PSV Eindhoven*, vgl. http://www.transfermarkt.de/de/default/uebersicht/erfolge.html.

[66] Eigene Erhebung. Vgl. http://www.transfermarkt.de/statistiken/transfersalden/transfers.html.

Transfererlöse für die Kostendeckung des Spielbetriebes benötigt. Einnahmen aus Transfers stehen demzufolge nicht für erneutes Spielermaterial zur Verfügung.

4.2.4 Integration von Nachwuchsspielern

Ein zentrales Problem nach der Öffnung des Spielermarktes ist die Entwicklung der Nachwuchsspieler. Sie gehen als Verlierer des *Bosman-Urteils* hervor.[67] Aufgrund der gestiegenen Konkurrenz sinken ihre Einsatzchancen in den finanzstarken Profiligen. Da Vereine ihre Spielerrekrutierung mittlerweile auch im Nachwuchsbereich global betreiben, haben es selbst die besten inländischen Nachwuchsspieler schwer, einen Profivertrag zu erhalten.[68] Ist diese Hürde genommen, stehen die Junioren vor dem nächsten Problem. Nur wenige dieser Spieler bekommen die Möglichkeit regelmäßig Spielpraxis zu sammeln. Meist sind ihre Einsatzzeiten kurz. Nur in den unteren Ligen erhalten sie kontinuierliche Spielanteile. Die Wettkampfpraxis in der höchsten Spielklasse bleibt dabei jedoch auf der Strecke.[69]

Trotz geringer Einsatzzeiten sind nahezu alle Vereine an der Ausbildung und Verpflichtung von Nachwuchsspielern interessiert. Daran hat auch das *Bosman-Urteil* nichts geändert. Wenige Spielzeiten in der Bundesliga und Einsätze in der zweiten oder dritten Liga sorgen allerdings dafür, dass Nachwuchsspieler ihre sportliche Leistungsfähigkeit nicht verbessern können. Vereine bedienen sich auf dem globalen Spielermarkt um fertig ausgebildete Spieler zu verpflichten. Sie umgehen damit die Risiken, die ein junger Spieler ohne Spielpraxis hervorruft. Die kurzfristigen Konsequenzen aus Siegen und Niederlagen sind für die Vereine wichtiger als der langfristige Aufbau von Nachwuchsspielern, obwohl nur diese zur Erneuerung des Spielerpersonals beitragen.[70]

Die *DFL* schaffte in der Spielzeit 2006/07 erste Anreize dieser Entwicklung entgegenzuwirken. Sie verpflichtete alle Profivereine zur Errichtung von Nachwuchsleistungszentren. In *Abb. 4* wird veranschaulicht, dass die

---

[67] Vgl. Berthold & Neumann (2005a), S. 6.
[68] Vgl. Riedl & Cachay (2002), S. 136 ff.
[69] Vgl. Ebd., S. 145.
[70] Vgl. Riedl & Cachay (2002), S. 164.

Vereine der ersten und zweiten Bundesliga vermehrt in die Förderung von jungen talentierten Spielern investieren.

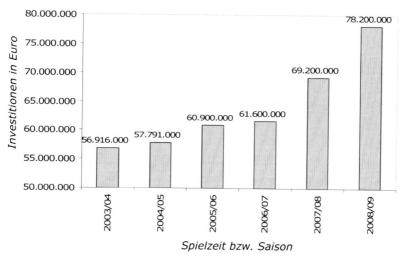

Spielzeit bzw. Saison

Abb. 4: Investitionen der Proficlubs in Leistungszentren[71]

Auch am Beispiel der beiden Ruhrpott-Vereine *FC Schalke 04* und *Borussia Dortmund* war in der abgelaufenen Spielzeit 2009/10 zu sehen, dass sich der Einsatz von überwiegend jungen Spielern schon kurzzeitig sportlich wie auch ökonomisch lohnen kann.[72]

Für die Vereine ist es finanziell attraktiv in den Nachwuchs zu investieren. Die im *FIFA-Reglement* festgelegte Ausbildungsentschädigung, für Spieler bis zum 23. Lebensjahr, verschafft den Vereinen bei einem entsprechenden Transfer einen beachtlichen Erlös. Ein noch bedeutenderer Aspekt sind die Spielergehälter. Diese fallen für talentierte Eigengewächse wesentlich geringer aus, als die für Fremdeinkäufe.[73] Vereine stehen außerdem vor dem Problem, die Bedürfnisse der regionalen Sponsoren und des

---

[71] Eigene Darstellung in Anlehnung an DFL Bundesliga-Report (2008), S. 42, und DFL Bundesliga-Report (2010), S. 15.

[72] Mit einem Spielerkader im Durchschnittsalter von jeweils 24,6 Jahren, niedrigster Wert in der Saison 2009/10, wurde der *FC Schalke 04* Vize-Meister und qualifizierte sich somit für die *UEFA Champions League*, nachdem sie in der Vorsaison mit älteren Spielern den achten Rang belegten. *Borussia Dortmund* qualifiziere sich nach jahrelanger Abstinenz im Europapokal wieder für die *UEFA Europa League*. Die Teilnahmen an diesen Wettbewerben führen zu weiteren monetären Einnahmen. Vgl. http://www.transfermarkt.de/de/1-bundesliga/startseite/wettbewerb_L1.html.

[73] Vgl. Riedl & Cachay (2002), S. 193 f.

lokalen Publikums zu erfüllen. Eine heimische Verbundenheit muss aufrecht erhalten werden, um Publikum und Sponsoren an sich zu binden.[74]

4.2.5 Wettbewerbsfähigkeit von Nationalmannschaften

Eng verbunden mit den negativen Folgen für den Nachwuchs infolge der Marktöffnung ist die Sorge der Verbände um die Leistungsfähigkeit ihrer Nationalmannschaften. Nachwuchsförderung dient aus Sicht der Verbände vor allem der Entwicklung leistungsstarker Spieler für die Auswahlmannschaft, um internationale Erfolge zu erringen.[75] Da Nationalspieler von den Vereinen ausgebildet werden, sind sie in diesem Fall als Kuppelprodukte zu verstehen.[76] Sie entstehen zwangsläufig durch den Wettbewerb im Vereinsfußball.

Beachtet man, dass die Nationalmannschaft nur einen relativ kleinen Personenkreis umfasst, sollte es trotz hoher Ausländerquoten nicht zu einer Schwächung der Nationalmannschaften kommen, da sich die „absolute nationale Leistungsspitze" immer durchsetzen wird.[77]

Dennoch sinken die Erfolgsaussichten der europäischen Teams aus den „Big Five"-Ligen.[78] Die Marktöffnung hat zur Folge, dass diese Ligen eine hohe Anzahl an leistungsstarken ausländischen Spielern verpflichtet.[79] Heimische Spieler können dadurch an Spielpraxis verlieren.

Verbände haben gegenüber den Vereinen die Möglichkeit, die Rahmenbedingungen so auszurichten, dass inländische Spieler zu mehr Einsatzzeiten gelangen. Dies geschieht derzeit durch die geplante Einführung der „6+5"-Regel. Die Vereine werden so gezwungen, mindestens sechs einheimische Spieler aufzustellen, wodurch sich jegliche Engpässe rund um die Bereitstellung von ausreichendem Spielermaterial für die Nationalteams auflösen würden.

Teams aus Ländern mit schwachen Ligen profitieren hingegen. Deren beste Spieler erhalten in den starken Profiligen erhöhte Wettbewerbsin-

---

[74] Vgl. Ebd., S. 198 ff.

[75] Vgl. Riedl & Cachay (2002), S. 256 f.

[76] Vgl. Berthold & Neumann (2005b), S. 10.

[77] Vgl. Riedl & Cachay (2002), S. 258.

[78] Vgl. Berthold & Neumann (2005b), S. 19.

[79] Vgl. Ebd., S. 11.

tensität, welche sich auf ihre Nationalelf überträgt. Die Annäherung der Nationalmannschaften müsste zu ausgeglichenen Spielen führen.[80]

Diese These kann jedoch nicht bestätigt werden. Anhand vier Beobachtungen der Nationalmannschaften bei Europameisterschaften, 1980 bis 1992, vor der Marktöffnung sowie vier Beobachtungen, 1996 bis 2008, danach, sollte man schließlich feststellen können, welche Auswirkung das *Bosman-Urteil* für die Nationalteams hatte. In *Abb. 5* werden die Leistungen der Auswahlmannschaften aus den *Topligen, guten Ligen* und *schwachen Ligen* gegenübergestellt.[81]

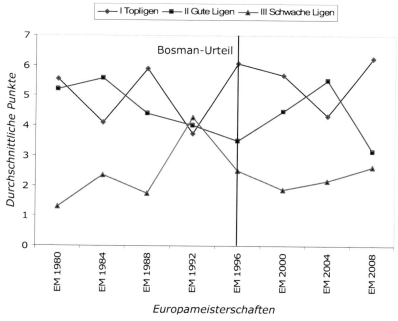

Abb. 5: Erfolge der Nationalmannschaften bei Europameisterschaften[82]

Es wird ersichtlich, dass die Marktöffnung kurzfristig ein schlechteres Abschneiden der Nationalmannschaften aus den *Topligen* verursachte. Die *guten Ligen* konnten sich hingegen verbessern. Dieser Trend konnte

---

[80] Vgl. Geyer & Dilger (2009), S. 18.

[81] Siehe Anlage II – Segmentierung der Nationalmannschaften.

[82] Eigene Darstellung anhand eigener Berechnungen. Die kumulierten durchschnittlichen Punkte der jeweiligen Ligen liegen folgender Berechnungsgrundlage zu Grunde: Die Teams erhalten pro Sieg zwei Punkte, für ein Unentschieden einen Punkt. Bei Erreichen des Viertel-, Halb- und Finales gibt es jeweils einen Bonuspunkt. Ähnlich berechnet sich auch die *UEFA-Fünfjahreswertung* im Vereinsfußball. Vgl. http://www.fussballdaten.de/em/.

bereits zur *EM 2008* gestoppt werden, welche von den *Topligen* dominiert wurde. Mit Deutschland, Spanien und Russland standen gleich drei Mannschaften aus diesen Ligen im Halbfinale. Zum Zeitpunkt des *Bosman-Urteils*, zur *EM 1996*, waren alle Ligen ähnlich erfolgreich wie 2008.

Auch vor dem *Bosman-Urteil*, zur *EM 1984* und *EM 1992*, konnten *gute Ligen* erfolgreicher als *Topligen* abschneiden. Die *schwachen Ligen* überraschten zur *EM 1992*, als Dänemark Europameister wurde. Nach dem *Bosman-Urteil* fällt die *EM 2004* auf. Mit Tschechien, Griechenland und der Niederlande standen drei Teams aus den *guten Ligen* im Halbfinale. Deren beste Spieler sind hauptsächlich in den europäischen *„Big Five"-Ligen* angestellt, wodurch sich ihr sportliches Potential beträchtlich steigert.

Da in solch relativ kurzen Turnieren neben der Leistungsfähigkeit auch Tagesform, Glück und Zufall eine entscheidende Rolle spielt, können die „kleinen" die „großen" Mannschaften abermals unerwartet besiegen.[83] Beispielsweise kann die Verletzung oder eine Sperre eines unersetzbaren Schlüsselspielers genannt werden.

Aus den Untersuchungen geht, entgegen vorherrschender Meinungen, nicht hervor, dass Nationalmannschaften aus den *Topligen* langfristig geschwächt werden.[84] Auch deren beste Profifußballer spielen in den *Topligen*, wodurch sich wiederum die Leistungsfähigkeit dieser Spieler erhöht. Es kann abschließend nicht eindeutig bestimmt werden, welchen Einfluss die Marktöffnung auf die Nationalmannschaften hat. Über die tatsächlichen Folgen kann diesbezüglich somit keine konkrete Aussage gemacht werden.

---

[83]   Eine Europameisterschaft wird innerhalb einer Zeitspanne von vier Wochen ausgetragen. Jede Mannschaft bestreitet dabei mindestes drei Spiele in der Gruppenphase. Bis zum Finale kämen noch einmal drei Spiele hinzu.

[84]   Eine Schwächung der Nationalmannschaften aus den *Topligen* prognostizierten u. a. Schellhaaß & May (2002), S. 127 ff., Berthold & Neumann (2005b), S. 19. Es ist zu berücksichtigen, dass zum Zeitpunkt ihrer Beiträge diese Mannschaften tatsächlich schwächer waren. Zur *WM 2006* standen mit Deutschland, Italien und Frankreich jedoch wieder drei Teams aus den *Topligen* im Halbfinale. Diese Entwicklung setzte sich, wie oben beschrieben, auch zur *EM 2008* fort.

4.3 Wegfall der Transferentschädigung nach Vertragsende

4.3.1 Funktionen der Transferentschädigung

Bei einem Spielertransfer unterscheidet sich der Arbeitsmarkt im bezahlten Mannschaftssport vom gewöhnlichen Arbeitsmarkt insbesondere durch die Einigung des alten und neuen Vereins auf eine Ablösesumme.[85] Seit dem *Bosman-Urteil* 1995 gilt dies nicht mehr für Transfers nach Vertragsende. In diesem Fall müssen Spieler und neuer Verein nur noch über die Gehaltshöhe verhandeln.

Zu klären ist, wodurch die Existenz der Transferentschädigung begründet werden kann. Ein wesentlicher ökonomischer Grund ist die Bereitstellung von Ausbildungsleistungen.[86] Investitionen in die Ausbildung von Fußballspielern werden bei einem Spielerwechsel entsprechend entschädigt. Für Spieler bis zum 23. Lebensjahr ist dies unabhängig vom Vertragsbestand, so dass Vereine diesbezüglich gegen Kapitalverluste abgesichert sind. Transferentschädigungen haben demzufolge den Auftrag, Fußballvereine zur Ausbildung von Jugendspielern anzutreiben und schließlich die Nachwuchsförderung im Ganzen zu finanzieren.[87]

Da Ablösezahlungen auch bei älteren Spielern, jedoch nur bei laufenden Verträgen, fällig werden, muss die Transferentschädigung eine weitere Funktion erfüllen. Bei einem Spielerwechsel dient sie in dieser Hinsicht als Ausgleich für den entgehenden Nutzen der zukünftigen Wertschöpfung des Spielers. Beispielhaft sind die zusätzlichen Erträge aus dem Trikotverkauf oder erhöhte Einnahmen aus dem Ticketverkauf an Zuschauer, die den Spieler im Fußballstadion spielen sehen möchten, genannt.[88]

Bis zum *Bosman-Urteil* boten Transferentschädigungen den Vereinen die sichere Möglichkeit, Spieler im Club zu halten und Wechsel zu Konkurrenzvereinen abzuwehren. Seit der Spielzeit 1996/97 können Spieler den Verein nach Vertragsablauf ohne Transferzahlungen wechseln.

Diese Gegebenheit wirkte sich in den Folgejahren auf die ökonomischen Variablen wie Vertragslängen, Ablösesummen und Spielergehälter aus.

---

[85] Vgl. Büch & Schellhaaß (1978), S. 255.
[86] Vgl. Ebd., S. 257.
[87] Vgl. Riedl & Cachay (2002), S. 39 f.
[88] Vgl. Eschweiler & Vieth (2004), S. 674.

4.3.2 Vertragslaufzeiten und Ausstiegsklauseln

Vereinen bietet sich seither die Möglichkeit, Spieler durch langfristige Verträge zu binden und bei einem vorzeitigen Transfer Entschädigungszahlungen zu fordern.[89]

Dabei gehen Vereine das Risiko ein, den Spieler bei schwacher Leistungsentwicklung weiterhin unter Vertrag zu haben und entlohnen zu müssen. Ebenso haben kurzfristige Verträge bei einer positiven Leistungsentwicklung negative Effekte, wenn diese Spieler ablösefrei den Verein verlassen.[90] Ein in der Zukunft möglicher Nutzen wird dann nicht entschädigt. Besonders bei Spielern mit hohem Wertgrenzprodukt käme solch eine Situation einer Katastrophe gleich. Vereine versuchen dies zu vermeiden. Der signifikante Anstieg der Vertragslängen infolge des *Bosman-Urteils* (*Abb. 6*) kann dadurch begründet werden.

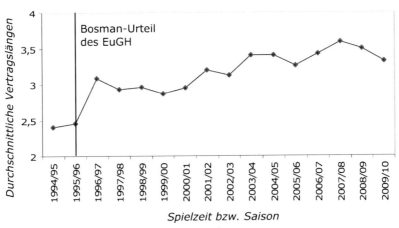

Abb. 6: Durchschnittliche Vertragslaufzeiten[91]

Betrug die durchschnittliche Vertragsdauer zuvor 2,22 Jahre, so stieg sie nach dem *Bosman-Urteil* um 44,6 % auf 3,21 Jahre an. Neu abgeschlossene Verträge zu Beginn der Saison 2009/10 waren im Durchschnitt sogar auf 3,32 Jahre befristet.

---

[89] Vgl. Riedl & Cachay (2002), S. 40 f.
[90] Vgl. Ebd., Hübl & Swieter (2002b), S. 115.
[91] Eigene Darstellung. Die Daten von 1994/95 bis 1999/00 entstammen Swieter (2002), S. 106. Die Daten ab der Spielzeit 2000/01 basieren auf eigenen Berechnungen anhand der Daten von http://www.transfermarkt.de/de/statistiken/wettbewerbe/transfers.html. Untersucht wurden jeweils alle neu abgeschlossenen Verträge einer Saison, für die die Vertragslaufzeiten ermittelt werden konnten.

Betrachtet man diese Analyse detaillierter (*Tab. 1 und 2*), fällt auf, dass besonders junge Spieler und Spieler mit hoher Ablösesumme langfristig gebunden werden. Ältere Spieler und Spieler mit geringer Ablösezahlung werden dagegen mit kürzeren Verträgen ausgestattet. Von diesen ist eine geringere Wertschöpfung zu erwarten, als von den Erstgenannten. Die Vertragslänge steigt demzufolge mit den Fähigkeiten des einzelnen Spielers.[92] Wegfallende Transferentschädigungen nach Vertragsende werden somit durch die längeren Vertragslaufzeiten kompensiert.

Spielzeit	≤ 23 Jahre	24 bis 28 Jahre	≥ 29 Jahre
2007/08	3,99	3,51	2,90
2008/09	3,87	3,65	2,25
2009/10	3,71	3,22	2,45

Tab. 1: Länge der Vertragslaufzeiten in Jahren nach Alter[93]

Spielzeit	< 2 Mio. Euro	≥ 2 Mio. Euro bis < 8 Mio. Euro	≥ 8 Mio. Euro
2007/08	3,35	3,94	4,18
2008/09	3,17	4,00	4,04
2009/10	3,03	3,56	4,11

Tab. 2: Länge der Vertragslaufzeiten in Jahren nach Ablösesumme[94]

Des Weiteren ermöglichen sogenannte Ausstiegsklauseln dem Spieler einen vorzeitigen Vereinswechsel für eine ex ante festgelegte Ablösesumme. Für die Vereine stellt dieses Instrument zum einen eine Absicherung für „getätigte Humankapitalinvestitionen" dar, zum anderen erhöht sich dadurch die Mobilität der Spieler.[95] Bei einem entsprechenden Angebot eines anderen Clubs kann der Spieler trotz laufenden Vertrages den Verein ohne dessen Zustimmung zur festgeschriebenen Zahlung verlassen.

---

[92] Vgl. Feess (2006), S. 58 f.

[93] Eigene Erhebung anhand der Daten von http://www.transfermarkt.de/de/statistiken/wettbewerbe/transfers.html.

[94] Ebd.

[95] Vgl. Swieter (2002), S. 108.

Über die reale Häufigkeit dieser Klauseln kann allerdings keine faktische Angabe gemacht werden, da sie von Vereinen im Regelfall geheim gehalten werden.[96] Möchte ein Spieler wechseln, und ist eine derartige Ausstiegsklausel Vertragsbestandteil, so kann sein Berater diese an interessierte Vereine weiterleiten.[97] Solch ein Fall machte zu Beginn des Jahres 2010 den Spieler *Jérôme Boateng* vom *Hamburger SV* sehr begehrt, welcher den Verein für festgeschriebene 12,5 Mio. Euro verlassen darf.[98] Da sich die spielerische Leistungsfähigkeit des Spielers positiv entwickelte, dürfte er für den *HSV* und andere an dem Spieler interessierten Vereine einen weitaus höheren Wert besitzen.

In wenigen Fällen werden solche Informationen vorsätzlich von den Clubs an die Öffentlichkeit getragen, um den Spieler somit auf dem Markt für eine bestimmte Summe anzubieten. In diesem Fall ist der Ablösebetrag äußerst hoch angesetzt. Beispielsweise ist hier *Edin Džeko* vom *VfL Wolfsburg* zu nennen, welcher den Club für 40 Mio. Euro verlassen darf. Nach der Spielzeit 2008/09 machte auch der deutsche Nationalstürmer *Mario Gomez* von solch einer Klausel Gebrauch, indem er für 30 Mio. Euro vom *VfB Stuttgart* zum *FC Bayern München* wechselte.[99]

4.3.3 Ablösesummen und Erlöse aus Transfers

Die Vertragsfreiheit wechselwilliger Spieler, als Folge des *Bosman-Urteils*, regt das Interesse verkaufender Vereine an, für diese Spieler vor Ablauf des Vertrages überhaupt noch eine Ablöse zu erzielen.[100] Grundsätzlich orientiert sich die Höhe der Ablösesumme an der Differenz zwischen Wertgrenzprodukt und Entlohnung des Profispielers.[101]

---

[96] Vgl. Swieter (2002), S. 108.

[97] Ein Spielerberater/-vermittler stellt einen Spieler bei einem Verein vor, um Arbeitsverträge auszuhandeln oder die im Hinblick auf den Abschluss eines Transfervertrages zwei Vereine einander vorstellt. Vgl. FIFA (2008), S. 4.

[98] Vgl. http://www.welt.de/die-welt/vermischtes/hamburg/article7173023/Boateng-verlaesst-den-HSV-Abloese-12-5-Millionen-Euro.html.

[99] Vgl. http://www.transfermarkt.de/de/statistiken/wettbewerbe/transfers.html.

[100] Vgl. Eschweiler & Vieth (2004), S. 674. Als Beispiel kann der Wechsel von *Miroslav Klose* vom *SV Werder Bremen* zum *FC Bayern München* zur Saison 2007/08 genannt werden. Spieler sowie beide Vereine einigten sich, bei einem Jahr Restlaufzeit, auf einen vorzeitigen Wechsel, so dass der *SVW* noch eine Ablöse von 15 Mio. Euro erhielt.

[101] Eine theoretische Herleitung der Ablösesumme befindet sich in Anlage III.

Die Änderungen der Verfügungsrechte auf dem Spielermarkt führten dessen ungeachtet zu Veränderungen der Ablösehöhe.[102] Zunächst sorgte das *Bosman-Urteil* für einen Rückgang der Transferentschädigungen (*Abb. 7*), da Vereine Spieler nun ablösefrei verpflichten konnten. Erwartungsgemäß sank der Anteil ablösepflichtiger Spieler deutlich.[103]

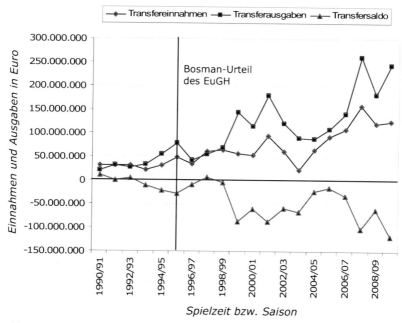

Abb. 7: Transfereinnahmen und -ausgaben in der 1. Bundesliga[104]

An dieser Stelle muss zudem auf die Aufhebung der Ausländerklauseln verwiesen werden. Durch unbegrenzte Zugriffsmöglichkeiten auf den weltweiten Spielermarkt sind Spieler nun leichter substituierbar. Der Verkäuferclub büßt dadurch an Verhandlungsmacht ein, da kaufende Vereine den nachgefragten Spielertyp bei einem anderen Club möglicherweise preisgünstiger ablösen können.[105]

Zu prüfen ist, in welchem Zusammenhang der sprunghafte Anstieg der durchschnittlichen Transferausgaben zu Beginn der Spielzeit 1999/2000

[102] Vgl. Swieter (2002), S. 122.

[103] Siehe Anlage IV - Status der Neuzugänge in der 1. Bundesliga.

[104] Eigene Darstellung. Daten vgl. http://www.transfermarkt.de/de/statistiken/wettbewerbe/transfers.html.

[105] Vgl. Eschweiler & Vieth (2004), S. 674.

steht. Da dem *Bosman-Urteil* primär eine entgegengesetzte Wirkung zuzuschreiben ist, muss der Anstieg eine andere Ursache haben. Eine Erklärung kann auf das veränderte Verhalten der Fußballvereine hindeuten. Zunehmend entwickeln gewinnmaximierende Clubs Strategien, um ihre Erlöse aus Spielertransfers zu steigern. Wie bereits in *Kapitel 4.3.2* verdeutlicht wurde, erhöhten sich die Vertragslaufzeiten infolge des *Bosman-Urteils* drastisch. Grund hierfür sind insbesondere steigende Ablösesummen in der Restlaufzeit von Verträgen im abgebenden Verein.[106]

Die Entwicklung der durchschnittlichen Ablösesummen in den Folgejahren hängt maßgeblich von den Erlöspotentialen der Vereine ab.[107] Steigende Erlöse der Clubs vergrößern dabei c. p. das Wertgrenzprodukt der Spieler sowohl beim verkaufenden als auch beim kaufenden Verein.[108] Die steigenden Ablösezahlungen im Durchschnitt (*Abb. 8*) sind somit Ausdruck des vergrößerten Verteilungsspielraumes in den Vertragsverhandlungen.

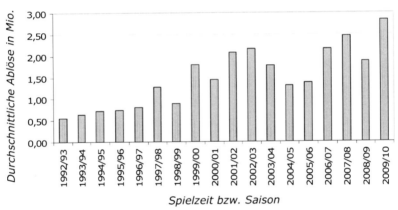

Abb. 8: Entwicklung der durchschnittlichen Ablösesummen[109]

Des Weiteren kann beobachtet werden, dass die teuersten Transfers nach der Marktöffnung getätigt wurden.[110] Diese Summen lassen sich über das äußerst hohe Wertgrenzprodukt dieser Starspieler, aufgrund ihrer indivi-

---

[106] Vgl. Feess (2006), S. 58, Eschweiler & Vieth (2004), S. 677.

[107] Siehe Anlage V – Preisentwicklung der Übertragungsrechte.

[108] Vgl. Swieter (2002), S. 125.

[109] Eigene Erhebung. Vgl. http://www.transfermarkt.de/de/statistiken/wettbewerbe/transfers.html. Der Rückgang der durchschnittlichen Ablösesumme ab 2002/03 kann insbesondere durch die KirchMedia-Insolvenz vom 8. April 2002 begründet werden, von welcher die Vereine 30% ihrer Einnahmen durch Übertragungsrechte bezogen.

[110] Siehe Anlage VI – Die weltweit teuersten Spielertransfers.

duellen sportlichen und finanziellen Produktivität, erklären. Da die Anzahl solcher Spieler relativ gering ist, werden extrem hohe Ablösesummen für sie bezahlt. Dabei wird nicht nur die eigene Mannschaft gestärkt, auch direkte Konkurrenzvereine werden dadurch erheblich geschwächt.

4.3.4 Entwicklung und Verteilung der Spielergehälter

Der vergrößerte Verteilungsspielraum in den Vertragsverhandlungen hat in derselben Weise Auswirkungen auf das Gehalt der Profispieler.[111] *Abb. 9* zeigt, wie sich die verbesserte Verhandlungsposition der Spieler auf ihre Gehälter auswirkt:

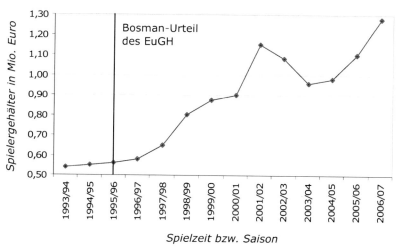

Abb. 9: Entwicklung der durchschnittlichen Spielergehälter[112]

Grundsätzlich besteht ein Bezug zwischen der Gehaltshöhe und dem erwarteten sportlichen, und damit auch ökonomischen Beitrag des Spielers. Damit entspricht die Entlohnung dem Wertgrenzprodukt. Steigende Einnahmen, insbesondere durch den Verkauf von Übertragungsrechten sowie durch Werbeverträge und Ticketverkäufe, sind daher auf die steigenden Spielergehälter zurückzuführen.[113]

Überdies kommen freiwerdende Beträge durch wegfallende Ablösesummen nach Vertragsende, bei einem entsprechenden Transfer, dem Spieler

---

[111] Vgl. Swieter (2002), S. 99 ff.

[112] Eigene Darstellung in Anlehnung an Frick (2008), S. 14.

[113] Vgl. Swieter (2002), S. 102 f., siehe Anlage VII – Umsatzentwicklung Bundesliga.

zugute. Somit erfolgt eine Umverteilung des Kapitals von den Vereinen zu den Spielern. Der globalisierte Spielermarkt sorgt zudem für eine verschärfte sportliche Wettbewerbssituation. Um konkurrenzfähig zu bleiben, sind die Vereine gezwungen, immer höhere Gehälter in ihre Spieler zu investieren. Dieser wechselseitige Überbietungswettkampf führt zu einer sogenannten Lohn-Preis-Spirale. Die Vereine versuchen dadurch die leistungsstärksten Spieler mittels höherer Gehälter an sich zu binden.[114]

Der einzelne Starspieler, welcher kaum substituierbar ist, bildet fortan ein Angebotsmonopol und steht einem Nachfrageoligopol mit einer größeren Anzahl an Vereinen gegenüber, wodurch der Preis, den er für seine Leistung erhalten kann, deutlich steigt. Durchschnittsspieler werden dagegen aufgrund der schwächeren Leistungsfähigkeit und hoher Substituierbarkeit weniger nachgefragt. Zwar steigt auch deren Gehalt infolge erhöhter Gesamteinnahmen der Clubs, allerdings in einem wesentlich geringeren Maße als die der Stars, so dass das Mannschaftsgefüge hinsichtlich der Löhne heterogener wird. Dabei stehen wenige Starspieler mit hohem Einkommen vielen Spielern mit geringem Einkommen gegenüber.[115] Obendrein können die in der 1. Liga erfolgreichen Vereine durch die Teilnahme an den europäischen Pokalwettbewerben einen zusätzlichen enormen Einnahmenanstieg verzeichnen.[116] Überwiegend werden diese Erlöse wiederum in Spieler, in Form von Gehältern oder Ablösesummen, investiert.

4.3.5 Ungleichgewichte auf Vereinsebene

Neben den Gegensätzen auf der Spielerebene bezüglich der Gehaltshöhe könnten sich ebenfalls Ungleichgewichte auf der Vereinsebene ergeben. Diese These resultiert aus den ersten Erwartungen nach dem *Bosman-Urteil* in *Abschnitt 4.1*, wonach sich finanzielle und sportliche Unausgeglichenheiten in den Ligen durch den Wegfall der Ablösesummen nach Vertragsende ergeben. Demnach müsste eine generelle Ablösezahlung einen Ausgleich der Spielstärken zwischen den Vereinen bewirken. Ökonomisch

---

[114] Vgl. Riedl & Cachay (2002), S. 118 f.

[115] Vgl. Lehmann & Weigand (1997), S. 8.

[116] Vgl. Kops (2000), S. 9 f.

effiziente Spielertransfers[117] kommen allerdings unabhängig von Ablöse-verpflichtungen zustande. Finanzschwache sowie finanzstarke Clubs müssten gleichermaßen Ablösesummen entrichten.[118] Ein ausgleichender Effekt kann sich daher aufgrund der unterschiedlichen Budgets der Verei-ne nicht ergeben. Durch den weltweit offenen Spielermarkt können sich finanzstarke Vereine mit den besten Spielern aus dem In- und Ausland verstärken. Ihre Leistungsfähigkeit im Vergleich zu finanzschwachen Vereinen steigt, welche sich bestenfalls mit Durchschnittsspielern aus dem In- und Ausland verstärken können. Eine vergrößerte Leistungs-spanne innerhalb der Liga ist die Folge. Die daraus resultierenden vorher-sehbaren Ergebnisse zwischen starken und schwachen Mannschaften müssten demzufolge zu heterogeneren Profiligen führen.[119]

Um dies nachzuprüfen bietet sich ein Vergleich der Anzahl verschiedener Meistermannschaften, vor und nach dem *Bosman-Urteil*, in den europäi-schen *„Big Five"-Ligen* an.[120] Eine Liga ist dabei umso homogener, je höher die Anzahl verschiedener Meistermannschaften ist. Bereits in dieser empirischen Untersuchung kann ein Anstieg der Heterogenität beobachtet werden. Gab es vor dem Urteil innerhalb von zehn Jahren durchschnitt-lich 5 verschiedene Meister pro Liga, so sank diese Zahl auf 4,2 danach. Nationale Ungleichgewichte auf Vereinsebene sind somit feststellbar. Diese ergeben sich vor allem aus der zunehmenden Professionalisierung der Vereine sowie der immensen Erlösunterschiede durch Europapokal-teilnahmen, was wiederum zu einer verstärkten Ungleichverteilung der Finanzkraft, und somit auch der sportlichen Wirkungsfähigkeiten, führt.[121]

Die nachfolgende empirische Prüfung untersucht die Ungleichgewichte auf internationaler Ebene.[122] Anhand aller Halbfinalteilnehmer der *UEFA Champions League*, in einer Zeitspanne von vierzehn Jahren vor und nach dem *Bosman-Urteil*, ergibt sich ein drastischeres Bild. Konnten vor der Marktöffnung Vereine aus 18 verschiedenen Ländern in das Halbfinale vorstoßen, so reduzierte sich der Wert auf lediglich 8 danach. Es ist eine

---

[117] Siehe Anlage III – Theoretische Herleitung der Ablösesumme.
[118] Vgl. Swieter (2002), S. 129 f.
[119] Vgl. Geyer & Dilger (2009), S. 7.
[120] Siehe Anlage VIII – Meistermannschaften in den europäischen Topligen.
[121] Vgl. u. a. Swieter (2002), S. 132, Kops (2000), S. 9 f.
[122] Siehe Anlage IX – UEFA Champions League Halbfinalisten.

starke Konzentrationszunahme der Erfolge auf wenige Mannschaften zu beobachten.[123] Der europäische Vereinsfußball wird nur noch von wenigen Fußballligen, besonders der aus England und Spanien, mit großem Abstand gefolgt von Italien und Deutschland, dominiert. Die Erfolgsaussichten für Mannschaften aus anderen Ländern sind in diesem Wettbewerb extrem gering, wodurch ein deutliches Maß an Spannung verloren geht.

---

[123] Vgl. Berthold & Neumann (2005b), S. 19.

5. Maßnahmen gegen die Fehlentwicklungen auf dem liberalisierten Spielermarkt

5.1 Eine spieltheoretische Analyse der Marktsituation

Die Fußballverbände *FIFA*, *UEFA* und *DFB* sehen infolge des *Bosman-Urteils* Fehlentwicklungen im Profifußball insbesondere hinsichtlich der Nachwuchsförderung einheimischer Spieler sowie der Wettbewerbssituation der Vereine.[124] Ausdruck der sportlichen und finanziellen Konzentrationsprozesse ist unter anderem der stark erhöhte Ausländeranteil in europäischen Topmannschaften, welche untereinander in einem globalen und deregulierten Wettbewerb um die besten Spieler stehen. In diesem Wettbewerb ist es für finanzschwächere Clubs nur selten möglich, in der Spitze mitzuhalten, so dass das Leistungsgefälle und die Dominanz in den Wettbewerben immer mehr zunimmt.[125]

Diese Problematik macht eine Unterteilung in finanzschwache und finanzstarke Vereine sinnvoll. Während die Erstgenannten aufgrund ihres niedrigen Budgets auf den Einsatz von günstigen Nachwuchsspielern angewiesen sind, können die finanzstarken Teams eine beliebige Zahl fertig ausgebildeter ausländischer Profis rekrutieren, wodurch die Nachwuchsförderung erheblich sinkt. Die Unausgewogenheit zwischen diesen Vereinen verstärkt sich, da die Siegchancen der finanzschwachen gegenüber den finanzstarken Clubs abnehmen.

Die Situation nach der Marktöffnung, angegeben als sportlicher Nutzen durch Nachwuchsförderung, wird anhand eines spieltheoretischen Modells in *Tab. 3* dargestellt. Die Antwort *Ja* steht in diesem Spiel für die Förderung junger Fußballspieler. Bei der Antwort *Nein* wird kein Nachwuchs gefördert. Um spieltheoretische Erklärungen anzustellen wird dem höchsten Nutzen der Wert 4, dem niedrigsten der Wert 1 zugeordnet.[126]

In der vorliegenden Ausgangssituation *Ja/Nein* findet bei den finanzschwachen Vereinen eine Jugendförderung statt, bei den Finanzstarken nicht. Die Auszahlung 3 und 4, mit dem Gesamtnutzen von 7, ist pareto-

---

[124] Vgl. Battis, Ingold & Kuhnert (2010), S. 3.
[125] Vgl. Ebd., S. 6.
[126] Ordinalskala 4 > 3 > 2 > 1.

optimal, da der Nutzen in allen anderen Varianten kleiner ist. In dieser *Ja/Nein*-Kombination befindet sich das Nash-Gleichgewicht. Keiner der Clubs hat einen individuellen Anreiz von seiner Strategie abzuweichen.

| | | **Finanzstarke Vereine** | |
		Ja	Nein
Finanzschwache Vereine	Ja	4* 2	3* 4*
	Nein	2 1	1 3*

Tab. 3: Förderung einheimischer Nachwuchsspieler ohne Regelung[127]

Die höchste Wohlfahrt wird demzufolge bereits auf dem liberalisierten Spielermarkt erzielt. Die oben beschriebenen Fehlentwicklungen auf diesem Markt veranlassen die Verbände, durch eine veränderte Anreizsetzung die Verknüpfung *Ja/Ja* anzustreben. Diese kommt auf dem deregulierten Spielermarkt allerdings nicht zustande. Fördern die finanzkräftigen Teams freiwillig vermehrt Nachwuchsspieler, so sinken deren Siegchancen. Sie müssten auf Einsätze ihrer ausländischen Starspieler verzichten und zugleich das Risiko der jungen Spieler tragen. Der Nutzen sinkt somit von 4 auf 2. Im gleichen Moment steigen die Erfolgschancen für die finanzschwachen Vereine auf das höchste Nutzenniveau von 3 auf 4. Ihre relative Wettbewerbsstärke nimmt zu. Möglicherweise haben sie zu diesem Zeitpunkt bereits einige Jugendspieler fertig ausgebildet. Die Topclubs würden folglich gegenüber den schwächeren Teams deutlich an ihrer Dominanz einbüßen, so dass ein ausgeglichener Wettbewerb entsteht.

In der Kombination *Nein/Nein* findet überhaupt keine Nachwuchsförderung statt. In diesem Fall unterstützen auch die finanzschwachen Teams den Nachwuchs nicht. Alle Vereine würden durchgehend ausländische Fußballer verpflichten. Finanzstarke Clubs rekrutieren ihre Spieler zwar weiterhin global, ihr Nutzen sinkt aber, weil für sie überhaupt keine guten einheimischen Talente mehr zur Verfügung stehen, welche zuvor von den

---

[127] Eigene Darstellung. Die mit dem Symbol * gekennzeichnete Auszahlung ist die Strategie, die sich jeweils am besten eignet, um seinen eigenen Nutzen unter Berücksichtigung der vorgegebenen Strategiekombination des anderen Spielers zu maximieren.

Finanzschwachen ausgebildet wurden. Die Vereine haben demnach gro-
ßes Interesse an der nationalen Ausbildung von Nachwuchsspielern.

Der Nutzen der finanzschwachen Clubs würde auf 1 sinken. Zum einen
fällt der Lohn ausländischer Profis höher aus als bei den „eigenen" Nachwuchsspielern, zum anderen benötigen Ausländer oftmals eine längere
Eingewöhnungszeit. Darüber hinaus stehen sie mit den finanzstarken
Clubs um ausländische Profis im direkten Wettbewerb. Insgesamt könnte
die Ungleichheit sogar weiter zunehmen.

Die Strategiekombination *Nein/Ja* stellt das Gegenstück zur Ausgangssituation dar. Finanzstarke fördern die Jugend, Finanzschwache nicht. Die
„kleinen" Clubs hätten dann verbesserte Siegchancen. Sie stünden zudem
nicht im Wettbewerb um ausländische Profispieler, da die Finanzstarken
auf diese freiwillig verzichten. Der Einsatz nicht vollständig ausgebildeter
Spieler schwächt wiederum deren Erfolgsaussichten, obwohl gewiss bessere Spieler aufgrund der Finanzkraft verpflichtet werden könnten.

FIFA, *UEFA* und DFB versuchen durch die Einführung der *Local-Player-
Regelung* und der *„6+5"-Regel* entsprechende Anreize zu schaffen, um
die Kombination *Ja/Ja* zu erreichen. Sie ist die einzig sichere Variante, in
der die Ziele Nachwuchsförderung und Wettbewerbsausgleich realisiert
werden können. Bei Nicht-Einhalten oder Umgehen der Regeln verringert
sich der Nutzen der Vereine um die Sanktion *s*.[128] Alle *Nein*-Strategien
führen daher zu einer Verringerung der jeweiligen Auszahlung:

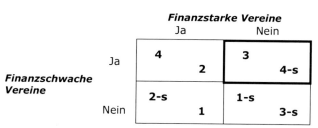

Tab. 4: Darstellung der Marktsituation bei Einführung von Sanktionen[129]

---

[128] Unter Sanktionen sind erhöhte Kosten für Spielergehälter, eingeschränkte Zugriffsmöglichkeiten auf den weltweiten Spielermarkt, drastische Geldstrafen und/oder
Punktabzüge zu verstehen.
[129] Eigene Darstellung.

Sanktionen tragen somit zur Attraktivitätssteigerung der Strategiekombination *Ja/Ja* bei. Sowohl bei den finanzschwachen als auch bei den finanzstarken Clubs würde eine Förderung des Nachwuchses stattfinden.

5.2 Die Local-Player-Regelung

5.2.1 Bedeutung der Local-Player-Regelung

In *Kapitel 3.3* wurde bereits erwähnt, dass es seit der Saison 2006/07 in den deutschen Profiligen keine Ausländerbeschränkung mehr gibt. Zeitgleich wurde durch die *UEFA* die *Local-Player-Regelung* zur Förderung junger Spieler eingeführt, welche der *DFB* in einer abgeänderten Form umsetzte. Seit der Spielzeit 2008/09 muss jeder Verein mindestens acht „lokal ausgebildete" Lizenzspieler unter Vertrag haben. Im Alter von 15 bis 21 Jahren müssen diese wenigstens für drei Jahre im Verein oder Verband ausgebildet worden sein. Von den geforderten acht müssen zumindest vier Spieler drei Jahre im selbigen Verein verbracht haben.[130] Ziel ist, die Ausbildung der Spieler zu unterstützen, welche explizit nicht an deren Nationalität geknüpft ist.[131] Während die *UEFA* die Regel in den europäischen Pokalwettbewerben mit der Obergrenze von 25 Spielern pro Kader einführt, gibt es in der deutschen Bundesliga keine Begrenzung.

5.2.2 Spieltheoretisches Modell zur Local-Player-Regelung

Die Regel kann deshalb sehr einfach umgangen werden, indem die Clubs ihre Kader beliebig mit lokal ausgebildeten Spielern auffüllen. Sie tragen dann lediglich höhere Gehaltskosten von $s = -1$. Das Nash-Gleichgewicht bleibt in der Kombination *Ja/Nein*, jedoch mit verringerter Auszahlung.

---

[130] Vgl. DFL (2007), § 5a Abs. 1 LOS.
[131] Vgl. Hill (2009), S. 9.

Finanzstarke Vereine

		Ja	Nein
Finanzschwache Vereine	Ja	4* 2	3* 3*
	Nein	1 1	0 2*

Tab. 5: Umsetzung der Local-Player-Regelung ohne Begrenzung[132]

Erhöhte Lohnkosten werden die Fußballvereine nicht von ihrer bisherigen Strategie abhalten. Die *Local-Player-Regelung* bleibt somit nahezu wirkungslos, da sie in dieser Form keineswegs dazu beiträgt, dass Nachwuchsspieler hinreichend gefördert werden. In den Startformationen könnten derweil sogar elf „Nicht-EU-Ausländer" stehen.

In der *UEFA Champions League* und in der *UEFA Europa League* wird die *Local-Player-Regelung* mit Kaderobergrenze angewandt. Vereine können ihre Kader so nicht willkürlich mit lokal ausgebildeten Spielern ergänzen. Die Clubs sind deutlich eingeschränkt, da im Kader acht *Local Player* stehen müssen und damit einhergehend nur noch 17 „freie" Plätze verbleiben.[133] Kann ein Verein die geforderte Anzahl lokal ausgebildeter Spieler nicht aufbieten, so verringert sich die Zahl der Kadergröße um die fehlenden Fußballer.[134] Der Verein mindert demzufolge seine Wettbewerbsfähigkeit, indem er seine Spieler bei Verletzungen oder Formschwächen nicht adäquat ersetzen kann. Durch eine Kaderbegrenzung haben alle Vereine indirekt eingeschränkte Zugriffsmöglichkeiten auf den weltweiten Spielermarkt, wovon besonders die finanzstarken Clubs betroffen sind.

Aus diesen Gründen wird eine höhere Sanktion von $s = -2$ angenommen. Das spieltheoretische Modell in *Tab. 6* zeigt nun zwei Nash-Gleichgewichte. Dabei ist die Strategiekombination *Ja/Ja* gegenüber *Ja/Nein* pareto-superior, da sich in ihr die finanzschwachen Clubs besserstellen, ohne dass sich die finanzkräftigen verschlechtern. Damit ist die Kombina-

---

[132] Eigene Darstellung.

[133] Vgl. Hill (2009), S. 14.

[134] Der *VfL Wolfsburg* hatte in der Spielzeit 2009/10 für die *UEFA Champions League* nur 22 statt der möglichen 25 Spieler gemeldet, da sie nur über einen anstatt von der *UEFA* geforderten vier im Verein ausgebildeten *Local Player* verfügten. Vgl. http://de.fifa.com/worldfootball/clubfootball/news/newsid=1099610.html.

tion *Ja/Ja* die auszahlungsdominante Strategie mit dem höchsten Gesamtnutzen von 6. Die finanzstarken Vereine sind gleichwohl in ihren *Ja* bzw. *Nein*-Entscheidungen stets indifferent.

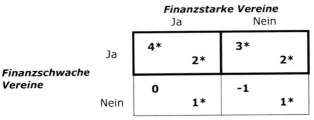

Finanzstarke Vereine

		Ja	Nein
Finanzschwache Vereine	Ja	4* 2*	3* 2*
	Nein	0 1*	-1 1*

Tab. 6: Umsetzung der Local-Player-Regelung mit Begrenzung[135]

5.2.3 Beurteilung der Wirksamkeit der Local-Player-Regelung

Es wird ersichtlich, dass bereits die *Local-Player-Regelung* zu einer nachhaltigen Jugendförderung führt. Die aktuellen Erfolge der U-Nationalmannschaften dokumentieren, dass die Nachwuchsarbeit in Deutschland Wirkung zeigt.[136] Außerdem rekrutierten die Bundesligavereine in der Saison 2009/10 so viele Nachwuchsspieler wie nie zuvor. Seit 2007/08 sinkt auch der Anteil ausländischer Neuverpflichtungen.[137]

Alle Vereine mit internationalen Ambitionen, welche in der Regel die Finanzkräftigeren sind, werden die *Local-Player-Regelung* vorwiegend mit Kaderbegrenzung erfüllen, da dies spätestens beim Erreichen eines Europapokalplatzes notwendig wird. Um eine Schwächung im Wettbewerb zu vermeiden, werden diese Clubs der *Local-Player-Regelung* entsprechend ausreichend junge Spieler ausbilden. Bei guter Entwicklung haben schließlich auch sie gute Chancen auf Einsätze im Profiteam. Clubs, die nur geringe Chancen auf die Qualifikation für den internationalen Wettbewerb haben, sind zumeist finanzschwach. Sie fördern den Nachwuchs ohnehin, da keine Mittel für teure ausländische Stars vorhanden sind.

Die Fehlentwicklung hinsichtlich der Nachwuchsförderung auf dem liberalisierten Spielermarkt wird demnach bereits durch die *Local-Player-*

---

[135] Eigene Darstellung.

[136] Nach der U 17 (2009) und der U 19 (2008) hat auch die U-21-Nationalmannschaft die Europameisterschaft 2009 gewonnen.

[137] Siehe Anlage IV – Status der Neuzugänge in der 1. Bundesliga.

Regelung internalisiert. Es werden vermehrt junge Spieler gefördert und Nationalteams können auf ein erhöhtes Personalangebot zurückgreifen.

Obgleich die *Local-Player-Regelung* derart positive Aspekte hervorbringt, so ist sie in wenigen Punkten kritisch zu betrachten. Junge Spieler werden womöglich noch früher als bisher gescoutet und gehandelt. Der Wettbewerb um Fußballtalente verschärft sich. Wohlhabende Clubs können ihre finanzielle Überlegenheit weiterhin ausspielen. Eine sportliche Ausgewogenheit wird mit der *Local-Player-Regelung* dementsprechend nicht erreicht.[138] Andererseits könnten finanzstarke Vereine die Ausbildung von Nachwuchsspielern theoretisch sogar boykottieren. Dies wird auch am spieltheoretischen Modell in *Tab. 6* erkennbar. Diese Clubs werden individuell über die Intensität ihrer Jugendausbildung entscheiden.

5.3 Die „6+5"-Regel

5.3.1 Bedeutung der „6+5"-Regel

Die aktuellste Maßnahme auf die Öffnung des Spielermarktes ist die sogenannte *„6+5"-Regel*, worauf sich der Weltfußballverband *FIFA* und die Vereinigung der Profifußballer *FIFPro*[139] am 2. November 2006 erstmals verständigten. In einem *FIFA-Kongress* am 28. Mai 2008 wurde sie endgültig verabschiedet. Zukünftig sollen in jeder Startformation mindestens sechs einheimische Spieler stehen.[140] Das neue Regelwerk soll laut *FIFA-Präsident Blatter* ab der Saison 2010/11 stufenweise eingeführt werden. Zunächst müssen vier inländische Profis in der Anfangself stehen. In der darauffolgenden Spielzeit sollen es fünf sein, ehe die Regel in der Spielzeit 2012/13 mit sechs einheimischen Akteuren vollständig umgesetzt werden soll. Daher resultiert auch die Bezeichnung „6+5".

Bei der Umsetzung der *„6+5"-Regel* droht allerdings Missbehagen, da sie unter Umständen gegen europäische Gesetze, überwiegend die der Arbeitnehmerfreizügigkeit, verstößt. Zu Beginn des Jahres 2009 kam jedoch eine von der *FIFA* in Auftrag gegebene Untersuchung des *Institute*

---

[138] Vgl. Grätz (2009), S. 278.

[139] *FIFPro* ist die weltweit repräsentative Organisation für alle professionellen Spieler. *FIFPro* existiert seit 1965 und hat derzeit über 50.000 Fußballer zum Mitglied.

[140] Vgl. Battis, Ingold & Kuhnert (2010), S. 3.

for European Affairs (INEA) zu dem Resultat, dass die Bestimmung mit dem europäischen Recht vereinbar sei. Das Gutachten bemängelt „große und nicht positive Veränderungen" im professionellen Fußball seit dem *Bosman-Urteil*. Hier werden vor allem das Ungleichgewicht im Wettbewerb sowie die schwache Nachwuchsförderung angeführt.[141]

Die *„6+5"-Regel* wird dabei nicht direkt als Ausländerklausel dargestellt. Vielmehr zielt sie auf die Spielberechtigung in der jeweiligen Nationalmannschaft ab.[142] Zu Beginn des Spiels dürfen zwar nur fünf ausländische Profis auf dem Platz stehen, durch Einwechslungen während eines Spiels kann es aber zu einer geringeren Quote von „3+8" kommen. Sogleich wird die Kaderzusammenstellung nicht berührt, da keine Restriktionen zur Anzahl nicht spielberechtigter Spieler in den Fußballclubs bestehen.[143] Dies wird indessen vorab in der *Local-Player-Regelung* mit Kaderobergrenze erreicht. Auch angesichts der Tatsache, dass das Rechtsgutachten des *INEA* von der *FIFA* selbst in Auftrag gegeben wurde, sollte dieses mit Bedacht betrachtet werden. Obwohl die geplante *„6+5"-Regel* „gemeinschaftsrechtlich prinzipiell rechtfertigungsfähig" erscheint, muss darauf hingewiesen werden, dass aufgrund möglicher Grundfreiheitsbeeinträchtigungen eine Prüfung der Rechtmäßigkeit des Europäischen Gerichtshofs noch bevorsteht.[144]

5.3.2 Spieltheoretisches Modell zur „6+5"-Regel

Da die *„6+5"-Regel* unmittelbar auf die Mannschaftsaufstellung Einfluss nimmt, wird ein Verstoß mit einer Sanktion von $s = -3$ bestraft.[145] Bei dem Einsatz zu vieler ausländischer Spieler in der Formation wird das Spiel ohne weiteres als verloren gewertet. In anbetracht der Wichtigkeit von Siegen und Niederlagen im Wettbewerb wird ein Verstoß demnach mit einer äußerst hohen Strafe belegt. Es ist davon auszugehen, dass kein Verein diese Regelung, dargestellt in *Tab. 7*, vorsätzlich missachten wird.

---

[141] Vgl. Geyer & Dilger (2009), S. 1, INEA (2009), S. 9.

[142] Eine Regelumgehung durch doppelte Staatsbürgerschaften ist somit ausgeschlossen.

[143] Vgl. Battis, Ingold & Kuhnert (2010), S. 9.

[144] Vgl. Battis, Ingold & Kuhnert (2010), S. 15.

[145] Von der Anfangssituation ausgehend, siehe Tabelle 3, S. 35, und Tabelle 4, S. 36.

Finanzstarke Vereine

		Ja	Nein
Finanzschwache Vereine	Ja	4* 2*	3* 1
	Nein	-1 1*	-2 0

Tab. 7: Umsetzung der „6+5"-Regel[146]

Das Nash-Gleichgewicht befindet sich nun in der Strategiekombination *Ja/Ja*. Es herrscht die Situation, die erreicht werden sollte. Sowohl finanzschwache als auch finanzstarke Vereine werden sich an die Regel halten, da ihre Auszahlungen so am höchsten sind. Beide haben individuell keinen Anreiz von ihrer Strategie abzuweichen. In diesem pareto-optimalen Nash-Gleichgewicht wird nun der größte Gesamtnutzen erzielt.

5.3.3 Beurteilung der Wirksamkeit der „6+5"-Regel

Kritiker sehen in der *„6+5"-Regel* einen „Rückfall in Zeiten strikt protektionistisch geschützter nationaler Fußballmärkte". Mit ihr würden die Spielermärkte wieder stärker national abgeschottet sein, wodurch die Mobilität und die Freizügigkeit der Spieler eingeschränkt werden. Die Konkurrenz untereinander würde abnehmen, was eine Verringerung der Wettbewerbsintensität und somit einen Attraktivitätsverlust in den Ligen zur Folge hätte.[147] Entgegen dessen werden verstärkte Maßregeln in die Ausbildung talentierter Spieler ebenso leistungsstarke Profispieler erzeugen.

Um dem Ungleichgewicht im Wettbewerb sowie der schwachen Förderung der Jugend entgegenzuwirken, wird mithilfe der *„6+5"-Regel* der *FIFA* ein zweckdienlicher Anreiz erzeugt. Zugegen trägt die *Local-Player-Regelung* zur vereinfachten Umsetzung der *„6+5"-Regel* bei. Sie schafft die Voraussetzungen, dass in den kommenden Jahren genügend leistungsstarke Jugendspieler in den Vereinen zur Verfügung stehen. Darauf aufbauend führt die *„6+5"-Regel* zu einer effektiven Nachwuchsförderung, da sie Einsätze dieser Spieler garantiert sowie deren Nachfrage steigert.

---

[146] Eigene Darstellung.

[147] Vgl. Berthold (2007), S. 138.

Allerdings stellt die „6+5"-Regel einen sehr drastischen Eingriff in den Spielermarkt dar. So wird durch sie mit Sicherheit das Ziel der Nachwuchsförderung erreicht, was in *Tab. 7* feststellbar ist. Derweil greift die *Local-Player-Regelung* nicht direkt in den Markt ein. Vielmehr steuert bzw. unterstützt sie das Funktionieren des Spielermarktes mit milderen Richtlinien. Insbesondere bei den finanzstarken Clubs ist die „6+5"-Regel überaus umstritten, da ihr Handeln stark eingeschränkt wird.

Hingegen ist eine Angleichung der Spielstärken zu erwarten, da Vereine nur noch eine geringe Anzahl ausländischer Profis einsetzen dürfen. Die leistungsstarken Ausländer verteilen sich somit homogener auf die Clubs. Sowohl die Profiligen als auch die Vereinspokalwettbewerbe könnten dadurch mehr Spannung erzeugen, wodurch sich ebenso ein erhöhter Konsum der Zuschauer ergeben kann. Die Regulierung dient ferner dem Schutz nationaler Identitäten und der Nationalmannschaften, womit dem Fußball auch als nationalem Kulturelement Rechnung getragen wird.[148]

---

[148] Vgl. INEA (2009), S. 9.

6. Schlussbetrachtung und Ausblick

Das *Bosman-Urteil* löste dramatische Änderungen im Transfersystem aus. Nachhaltige ökonomische Effekte für Spieler und Vereine sind die Folge.

Die Aufhebung der Ausländerklauseln sorgt dabei für einen Anstieg des Ausländeranteils in den europäischen *„Big Five"-Ligen*, da die weltweit leistungsstärksten Spieler dort höchste Löhne beziehen können. Eine Verbesserung der Spielqualität in diesen Ligen ist das logische Resultat. Aufgrund verringerter Ausbildungsanreize sind die europäischen Nachwuchsspieler als Verlierer des veränderten Regelungsrahmens auszumachen. Sie erhalten weniger Spielpraxis, da sie fortan gegen stärkere Profispieler aus der ganzen Welt konkurrieren. Entgegen vorherrschender Meinungen kann indessen keine Schwächung der europäischen Nationalmannschaften aus den Topligen beobachtet werden. Dies zeigte sich zuletzt zur *EM 2008*, welche von den Teams der Topligen dominiert wurde.

Der Wegfall der Transferzahlungen nach Vertragsende verursacht eine Verschiebung der Verfügungsrechte zu Gunsten der Profispieler. Folglich steigen die Vertragslaufzeiten, Ablösesummen und Gehälter. Spieler schöpfen nun einen größeren Teil der Vereinseinnahmen ab. Davon profitieren Starspieler und hoffnungsvolle Talente am meisten. Außerdem wird ersichtlich, dass die Profiligen und der europäische Vereinspokalwettbewerb heterogener werden, was auf die unterschiedlichen Erlöspotentiale der Vereine zurückzuführen ist.

Die Fehlentwicklungen auf dem liberalisierten Spielermarkt sollen in Zukunft durch die *Local-Player-Regelung* und die *„6+5"-Regel* korrigiert werden. Während die Erstgenannte bereits positive Ergebnisse im Hinblick auf die Nachwuchsförderung vorweisen kann, ist die Rechtmäßigkeit der Zweiten sehr umstritten, da sie drastisch in den Spielermarkt eingreift und möglicherweise gegen das Recht der Arbeitnehmerfreizügigkeit verstößt. Nichtsdestotrotz ist bei Einführung der *„6+5"-Regel* eine Angleichung der Spielstärken zu erwarten, da Vereine nur noch eine begrenzte Anzahl ausländischer Spieler einsetzen dürfen. Sowohl die Profiligen als auch die europäischen Vereinspokalwettbewerbe werden homogener und könnten dadurch an Spannung gewinnen.

Anlagenverzeichnis

Anhang

Anlage I   Solidaritätsbeitrag[149]

„Wechselt ein Berufsspieler während der Laufzeit seines Vertrages den Verein, werden 5 % jeglicher an den ehemaligen Verein bezahlten Entschädigung, mit Ausnahme der Ausbildungsentschädigung, vom Gesamtbetrag abgezogen, die vom neuen Verein an die Vereine zu zahlen sind, die in früheren Jahren zum Training und zur Ausbildung des betreffenden Spielers beigetragen haben. Dieser Solidaritätsbeitrag wird im Verhältnis zu der Anzahl von Jahren, die der Spieler zwischen den Spielzeiten seines 12. und 23. Geburtstags bei den jeweiligen Vereinen verbracht hat, wie folgt ermittelt:"

Spielzeit seines...	
12. Geburtstags:	5 % (d. h. 0,25 % der Gesamtentschädigung)
13. Geburtstags:	5 % (d. h. 0,25 % der Gesamtentschädigung)
14. Geburtstags:	5 % (d. h. 0,25 % der Gesamtentschädigung)
15. Geburtstags:	5 % (d. h. 0,25 % der Gesamtentschädigung)
16. Geburtstags:	5 % (d. h. 0,25 % der Gesamtentschädigung)
17. Geburtstags:	10 % (d. h. 0,50 % der Gesamtentschädigung)
18. Geburtstags:	10 % (d. h. 0,50 % der Gesamtentschädigung)
19. Geburtstags:	10 % (d. h. 0,50 % der Gesamtentschädigung)
20. Geburtstags:	10 % (d. h. 0,50 % der Gesamtentschädigung)
21. Geburtstags:	10 % (d. h. 0,50 % der Gesamtentschädigung)
22. Geburtstags:	10 % (d. h. 0,50 % der Gesamtentschädigung)
23. Geburtstags:	10 % (d. h. 0,50 % der Gesamtentschädigung)

Tab. A-1: Solidaritätsbeitrag

---

[149] FIFA (2009), Anhang 5, Artikel 1, S. 41.

Anlage II   Segmentierung der Nationalmannschaften

Anhand der *UEFA-Fünfjahreswertung*[150] kann eine Unterteilung in *Topligen*, *gute Ligen* und *schwache Ligen* zu verschiedenen Zeitpunkten vorgenommen werden. Die Anzahl der jeweils eingeordneten Ligen kann dabei variieren. Als *Topliga* gilt, welche in der *UEFA-Fünfjahreswertung* einen Wert von mehr als 30 Punkten erreicht hat. Eine *gute Liga* wird zwischen den Werten 30 bis 20 eingestuft. Alle Ligen mit Werten darunter gelten als *schwache Ligen*. Diese sind hier aufgrund der Vielzahl nicht aufgeführt.

Liga		1980	1984	1988	1992
Topligen	Koeffizient > 30	Deutschland	Deutschland	Italien	Italien
		England	England	Sowjetunion	Deutschland
		Belgien	Spanien	Deutschland	Spanien
		Spanien	Schottland	Spanien	Belgien
		Niederlande	Italien	Belgien	Frankreich
		-	Belgien	-	-
		-	Portugal	-	-
Gute Ligen	Koeffizient > 20	DDR	Jugoslawien	Portugal	Niederlande
		Sowjetunion	Sowjetunion	Schottland	Portugal
		Frankreich	Frankreich	Niederlande	Jugoslawien
		Jugoslawien	CSSR	Österreich	Sowjetunion
		Italien	Niederlande	Frankreich	Rumänien
		CSSR	DDR	Jugoslawien	CSSR
		Ungarn	Rumänien	England	-
		-	-	Schweden	-
		-	-	CSSR	-
		-	-	Rumänien	-

Tab. A-2: Einstufung der Ligen von 1980 - 1992[151]

---

[150] Die *UEFA-Fünfjahreswertung* ist eine von der *UEFA* nach sportlichen Erfolgen im Europapokal aufgestellte Rangliste. Die Länderwertung dient der Ermittlung der Anzahl der Fußball-Europapokal-Startplätze der einzelnen Landesverbände.

[151] Eigene Erhebung in Anlehnung an Berthold & Neumann (2005b), S. 13. Die Rangfolge ergibt sich aus den Daten von http://www.5-jahres-wertung.de/APD/Online/datenbank-5-Jahres-Tabelle.htm für das jeweilige Jahr.

Die Teilnehmerzahl an Mannschaften bei Europameisterschaften erhöhte sich ab der *EM 1996* von acht auf sechzehn. Gleichzeitig konnten mehr Mannschaften bei den Vereinseuropapokalwettbewerben teilnehmen, so dass sich auch die Werte in der *UEFA-Fünfjahreswertung* erhöhten. Folglich wird die Einstufung angepasst. Ab 1996 gilt eine Liga erst ab einem Wert von 40 als *Topliga*. Eine *gute Liga* muss weiterhin mindestens einen Wert von 20 aufweisen. Alle Ligen darunter gelten als *schwache Ligen*. Für den Zeitraum von 1996 bis 2008 ergibt sich damit folgende Rangliste:

Liga		1996	2000	2004	2008
Topligen	Koeffizient > 40	Italien	Spanien	Spanien	England
		Frankreich	Italien	England	Spanien
		Spanien	Deutschland	Italien	Italien
		Deutschland	Frankreich	Deutschland	Frankreich
		-	England	Frankreich	Deutschland
		-	-	Portugal	Russland
Gute Ligen	Koeffizient > 20	Niederlande	Niederlande	Griechenland	Rumänien
		Portugal	Russland	Niederlande	Portugal
		England	Tschechien	Tschechien	Niederlande
		Belgien	Griechenland	Türkei	Schottland
		Griechenland	Portugal	Schottland	Türkei
		Russland	Türkei	Belgien	Ukraine
		Türkei	Ukraine	Schweiz	Belgien
		Dänemark	Norwegen	Ukraine	Griechenland
		Österreich	Schweiz	Norwegen	Tschechien
		-	Schottland	Polen	Schweiz
		-	Österreich	Israel	Bulgarien
		-	-	Österreich	Norwegen
		-	-	Serbien	Dänemark

Tab. A-3: Einstufung der Ligen von 1996 - 2008[152]

---

[152] Eigene Erhebung in Anlehnung an Berthold & Neumann (2005b), S. 13. Die Rangfolge ergibt sich aus den Daten von http://www.5-jahres-wertung.de/APD/Online/datenbank-5-Jahres-Tabelle.htm für das jeweilige Jahr.

Anlage III   Theoretische Herleitung der Ablösesumme[153]

Die bei einem Transfer beteiligten Akteure sind Spieler **A**, verkaufender Verein **X** sowie kaufender Verein **Y**. Der einkommensmaximierende Spieler stimmt einem Wechsel von Team **X** zu Team **Y** dann zu, wenn gilt:

$$(1)\ W^Y > W^X \qquad \text{mit } W = \text{Spielerlohn.}$$

Das neue Gehalt des Spielers beim Käuferteam liegt über dem des bisherigen Lohns bei dem verkaufendem Verein.

Das Käuferteam stimmt einem Wechsel mit Ablösezahlung zu, wenn gilt:

$$(2)\ WGP^Y - W^Y \geq AS \qquad \text{mit } WGP = \text{Wertgrenzprodukt und}$$
$$AS = \text{Ablösesumme.}$$

Die Wertschöpfung des Spielers muss Lohnkosten und Ablösesumme mindestens abdecken.

Das Verkäuferteam ist bereit, den Spieler abzugeben, wenn gilt:

$$(3)\ WGP^X - W^X \leq AS$$

Die Ablösesumme muss das Verkäuferteam für die entgehenden Erträge mindestens entschädigen.

Aus (2) und (3) erfolgen:

$$(4)\ WGP^Y \geq AS + W^Y$$
$$(5)\ WGP^X \leq AS + W^X$$

Unter Beachtung von (1) folgen:

$$(6)\quad AS + W^Y > AS + W^X$$
$$(7)\ WGP^Y > WGP^X$$

Demzufolge kommt ein Transfer nur zustande, wenn der Spieler beim Käuferteam eine höhere Wertschöpfung erzielt, als beim Verkäuferteam.

$$(8)\quad WGP^Y - AS \geq W^Y$$

Der Spielerlohn liegt bei positiver Ablösesumme unterhalb seines Wertgrenzproduktes. Die Differenz zwischen Entlohnung und Wertgrenzprodukt beim Verkäuferteam ist die Untergrenze der Ablösesumme. Die Obergrenze ergibt sich aus Differenz des Wertgrenzproduktes sowie vereinbarter Entlohnung beim Käuferteam.

---

[153] Vgl. Büch & Schellhaaß (1978), S. 258, Swieter (2002), S. 87 ff.

Anlage IV Status der Neuzugänge in der 1. Bundesliga

Saison	Zugänge	Ablösepflichtige Wechsel	1. Bundesliga	2. Bundesliga	Amateurvereine	Eigener Nach- wuchs	Ausland
1992/93	101	100 %	36	11	11	20	23
1993/94	90	92 %	27	12	13	15	23
1994/95	145	95 %	43	22	17	27	36
1995/96	134	99 %	46	18	29	8	33
1996/97	155	86 %	36	18	26	18	57
1997/98	171	74 %	37	14	20	26	74
1998/99	170	61 %	43	21	22	18	66
1999/00	180	70 %	59	27	12	29	53
2000/01	150	57 %	47	21	15	22	45
2001/02	164	66 %	42	22	20	17	63
2002/03	165	42 %	39	28	15	25	58
2003/04	196	34 %	50	24	13	39	70
2004/05	213	39 %	51	31	14	32	85
2005/06	232	41 %	45	32	19	36	100
2006/07	220	41 %	40	35	22	47	76
2007/08	259	56 %	58	34	25	33	109
2008/09	203	65 %	29	32	18	34	90
2009/10	214	54 %	37	30	14	60	73

Tab. A-4: Status der Neuzugänge in der 1. Bundesliga[154]

---

[154] Swieter (2002), S. 126. Ab der Spielzeit 2001/02 eigene Erhebung anhand der Daten von http://www.transfermarkt.de/de/statistiken/wettbewerbe/transfers.html.

Anlage V   Preisentwicklung der Übertragungsrechte

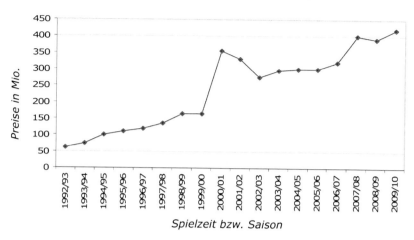

Abb. A-1: Preisentwicklung der Übertragungsrechte[155]

Anlage VI   Die weltweit teuersten Spielertransfers

Nr.	Spieler	Abgang	Zugang	Saison	Ablösesumme
1.	Ronaldo	Man United	Real Madrid	09/10	94.000.000 Euro
2.	Zidane	Juventus Turin	Real Madrid	01/02	73.500.000 Euro
3.	Ibrahimovic	Inter Mailand	FC Barcelona	09/10	69.500.000 Euro
4.	Kaká	AC Mailand	Real Madrid	09/10	65.000.000 Euro
5.	Figo	FC Barcelona	Real Madrid	00/01	60.000.000 Euro
6.	Crespo	FC Parma	Lazio Rom	00/01	55.000.000 Euro
7.	Buffon	FC Parma	Juventus Turin	01/02	54.100.000 Euro
8.	Mendieta	FC Valencia	Lazio Rom	01/02	48.000.000 Euro
9.	Shevchenko	AC Mailand	FC Chelsea	06/07	46.000.000 Euro
10.	Ferdinand	Leeds United	Man United	02/03	46.000.000 Euro

Tab. A-5: Die zehn weltweit teuersten Spielertransfers[156]

---

[155] Vgl. DFL Bundesliga-Report (2006), S. 32, und DFL Bundesliga-Report (2010), S. 30.
[156] Vgl. http://www.transfermarkt.de/de/statistiken/transferrekorde/transfers.html.

Anlage VII   Umsatzentwicklung in der 1. Bundesliga

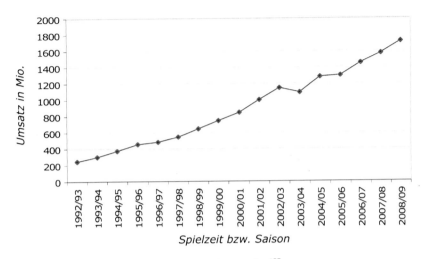

Abb. A-2: Umsatzentwicklung der Bundesligavereine[157]

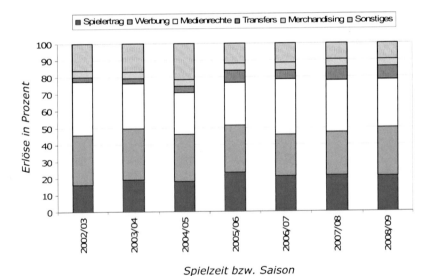

Abb. A-3: Ertragskategorien der Bundesligavereine[158]

---

[157] Vgl. DFL Bundesliga-Report (2006), S. 32, und DFL Bundesliga-Report (2010), S. 30.

[158] Vgl. DFL Bundesliga-Report (2006), S. 42, und DFL Bundesliga-Report (2010), S. 32.

Anlage VIII Meistermannschaften in den europäischen
Topligen vor und nach der Spielermarktöffnung

Saison	Deutschland	England	Frankreich	Italien	Spanien
05/06	FC Bayern	FC Chelsea	Lyon	Inter	Barcelona
04/05	FC Bayern	FC Chelsea	Lyon	Kein Meister	Barcelona
03/04	Bremen	FC Arsenal	Lyon	AC Mailand	FC Valencia
02/03	FC Bayern	Man United	Lyon	Juventus	Real Madrid
01/02	Dortmund	FC Arsenal	Lyon	Juventus	FC Valencia
00/01	FC Bayern	Man United	FC Nantes	AS Rom	Real Madrid
99/00	FC Bayern	Man United	AS Monaco	Lazio Rom	La Coruña
98/99	FC Bayern	Man United	Bordeaux	AC Mailand	Barcelona
97/98	K´lautern	FC Arsenal	RC Lens	Juventus	Barcelona
96/97	FC Bayern	Man United	AS Monaco	Juventus	Real Madrid
Σ = 21 Ø = 4,2	4	3	5	5	4

Tab. A-6: Meistermannschaften in ausgewählten Ligen seit dem Bosman-Urteil[159]

Saison	Deutschland	England	Frankreich	Italien	Spanien
95/96	Dortmund	Man United	AJ Auxerre	AC Mailand	Atl. Madrid
94/95	Dortmund	Blackburn	FC Nantes	Juventus	Real Madrid
93/94	FC Bayern	Man United	Paris	AC Mailand	Barcelona
92/93	Bremen	Man United	Kein Meister	AC Mailand	Barcelona
91/92	Stuttgart	Leeds Utd.	Marseille	AC Mailand	Barcelona
90/91	K´lautern	FC Arsenal	Marseille	Sampdoria	Barcelona
89/90	FC Bayern	FC Liverpool	Marseille	SSC Neapel	Real Madrid
88/89	FC Bayern	FC Arsenal	Marseille	Inter	Real Madrid
87/88	Bremen	FC Liverpool	AS Monaco	AC Mailand	Real Madrid
86/87	FC Bayern	FC Everton	Bordeaux	SSC Neapel	Real Madrid
Σ = 25 Ø = 5,0	5	6	6	5	3

Tab. A-7: Meistermannschaften in ausgewählten Ligen vor dem Bosman-Urteil[160]

---

[159] Eigene Darstellung, vgl.
http://www.transfermarkt.de/de/default/uebersicht/erfolge.html.
[160] Ebd.

Anlage IX UEFA Champions League Halbfinalisten vor und nach der Spielermarktöffnung

1982/83 – 1995/96				1996/97 – 2009/10			
Vereine	Anzahl	Länder	Anzahl	Vereine	Anzahl	Länder	Anzahl
AC Mailand	5	Italien	10	FC Barcelona	6	England	17
FC Bayern	4	Frankreich	7	Man Utd.	6	Spanien	15
FC Barcelona	3	Spanien	7	FC Chelsea	5	Italien	10
Juventus	3	Deutschland	5	Real Madrid	5	Deutschland	7
O. Marseille	3	Portugal	4	AC Mailand	4	Frankreich	3
Real Madrid	3	Rumänien	4	FC Bayern	4	Niederlande	2
St. Bukarest	3	Niederlande	3	Juventus	4	Portugal	1
Amsterdam	2	England	2	FC Liverpool	3	Ukraine	1
B. Lissabon	2	Griechenland	2	AS Monaco	2		
FC Liverpool	2	Schottland	2	Dortmund	2		
FC Porto	2	Schweden	2	FC Arsenal	2		
IFK Göteburg	2	Serbien	2	FC Valencia	2		
Pan. Athen	2	Belgien	1	Inter Mailand	2		
R.S. Belgrad	2	Polen	1	Amsterdam	1		
Je 1 x AS Monaco		Russland	1	Dyn. Kiew	1		
AS Rom		Tschechien	1	Eindhoven	1		
Dinamo Bukarest							
Dynamo Kiew		Türkei	1	FC Porto	1		
Dundee United		Ukraine	1	FC Villareal	1		
FC Nantes							
Galatasaray Istanbul				La Coruña	1		
Girondins Bordeaux				Leeds Utd.	1		
Glasgow Rangers							
Hamburger SV				Leverkusen	1		
Paris Saint-Germain				Olymp. Lyon	1		
PSV Eindhoven							
Real San Sebastián		Verschiedene Vereine: Σ = 32				Verschiedene Vereine: Σ = 22	
RSC Anderlecht							
Sampdoria Genua							
Sparta Prag		Verschiedene Länder: Σ = 18				Verschiedene Länder: Σ = 8	
Spartak Moskau							
Widzew Łódź							

Tab. A-8: UEFA Champions League Halbfinalisten[161]

---

[161] Eigene Erhebung, vgl.: http://www.fussballdaten.de/championsleague/.

Literaturverzeichnis

Battis, U., Ingold, A. & Kuhnert, K. (2010): *Zur Vereinbarung der „6+5"-Spielregel der FIFA mit dem Unionsrecht*, in: Ehlermann, C.-D. (Hrsg.): EuR Europarecht, Heft 1, Nomos Verlagsgesellschaft, Baden-Baden, S. 3-29.

Berthold, N. (2007): *6+5-Protektionismus im Fußball*, in: Wirtschafts-dienst 2007/3, Springer Berlin/Heidelberg, S. 138-139.

Berthold, N. & Neumann, M. (2005a): *Der gemeinsame Europäische Fußballmarkt - benötigt Deutschland eine Ausländerklausel?*, Würzburger Diskussionspapier Nr. 75, Würzburg.

Berthold, N. & Neumann, M. (2005b): *Globalisierte Spielermärkte: Ein Problem für den deutschen Profifußball?*, Würzburger Diskussionspa-pier Nr. 82, Würzburg.

Brast, C. & Stübinger, T. (2005): *Verbandsrechtliche Grundlagen des Sportmanagements in der Fußball-Bundesliga*, in: Schewe, G. / Littkemann, J. (Hrsg.): Sportmanagement, Der Profi-Fußball aus sport-ökonomischer Perspektive, 2. Auflage, Schorndorf, S. 23-52.

Busche, A. (2004): *Ökonomische Implikationen des Bosman-Urteils*, in: Hammann, P. / Schmidt, L. / Welling, M. (Hrsg.): Ökonomie des Fußballs: Grundlegungen aus volks- und betriebswirtschaftlicher Perspektive, Deut-scher Universitätsverlag, Wiesbaden, S. 87-104.

Büch, M.-P. & Schellhaaß, H.-M. (1978): *Ökonomische Aspekte der Transferentschädigung im bezahltem Mannschaftssport*, in: Jahrbuch für Sozialwissenschaften, Heft 3/78, S. 255-274.

Deloitte & Touche (2010): *Deloitte Football Money League 2010*, Düsseldorf.

Dinkelmeier, B. (1999): *Das „Bosman"-Urteil des EuGH und seine Auswirkungen auf den Profifußball in Europa*, Inaugural-Dissertation, Juristische Fakultät Universität Würzburg.

DFL (2004): *Satzung, Die Liga – Fußballverband e.V. (Ligaverband)*, Frankfurt am Main.

DFL (2007): *Lizenzordnung Spieler LOS*, Frankfurt am Main.

DFL (2006 - 2010): *Bundesliga-Reporte 2006 - 2010*, Trimhold Druck Braun & Sohn, Maintal.

Erning, J. (2000): *Professioneller Fußball in Deutschland: Eine wettbe-werbspolitische und unternehmerische Analyse*, Verlag für Wirtschafts-kommunikation, Berlin.

Eschweiler, M. & Vieth, M. (2002): *Preisdeterminanten bei Spieler-transfers in der Fußball-Bundesliga : eine empirische Analyse*, in: Die Betriebswirtschaft, Schäffer-Poeschel, Stuttgart, Bd. 64.2004, S. 671-692.

Feess, E. (2006): *Bosman und die Folgen – was lernen wir aus der Empirie?*, in: Büch, M.-P. / Maennig, W. / Schulke, H.-J. (Hrsg.): Zur Ökonomik der Rechte bei Sportveranstaltungen, Sportverlag Strauß, Köln, S. 49-64.

FIFA (2008): *FIFA Spielervermittler-Reglement*, Buenos Aires und Zü-rich.

FIFA (2009): *FIFA-Reglement bezüglich Status und Transfer von Spie-lern*, Buenos Aires und Zürich.

Frick, B. (2008): *Die Entlohnung von Fußball-Profis: Ist die vielfach kritisierte „Gehaltsexplosion" ökonomisch erklärbar?*, Paderborner Univer-sitätsreden, Druckerei Heydeck, Paderborn.

Frick, B. & Wagner, G. (1996): *Bosman und die Folgen: Das Fußball-Urteil des Europäischen Gerichtshofes aus ökonomischer Sicht*, in: Wirt-schaftswissenschaftliches Studium Jg. 25, Nr. 12, S. 611-615.

Geyer, H. & Dilger, A. (2009): *Folgen des Bosman-Urteils für die 1. Fußball-Bundesliga*, IÖB-Diskussionspapier, Münster.

Grätz, D. (2009): *Missbrauch der marktbeherrschenden Stellung durch Sportverbände: Eine rechtsvergleichende Untersuchung des europäi-schen, deutschen und schweizerischen Missbrauchsverbots*, Mohr Siebeck Verlag, 1. Auflage, Bayreuth.

Hill, J. (2009): *UEFA and the European Union: the green shoots of a new European public space?*, Conference paper, The Europeanization of football, Amsterdam.

Hintermeier, D. & Rettberg, U. (2006): *Geld schießt Tore. Fußball als globales Business - und wie wir im Spiel bleiben*, Hanser Wirtschaft, München.

Hübl, L. & Swieter, D. (2002a): *Fußball-Bundesliga: Märkte und Pro-duktbesonderheiten*, in: Hübl, L. / Peters, H.-H. / Swieter, D. (Hrsg.): Ligasport aus ökonomischer Sicht, Meyer & Meyer Verlag, Aachen, S. 13-72.

Hübl, L. & Swieter, D. (2002b): *Der Spielermarkt in der Fußball-Bundesliga*, in: Zeitschrift für Betriebswirtschaft, Ergänzungsheft 4/2002, S. 105-126.

INEA (2009): *Rechtsgutachten zur Vereinbarkeit der „6+5-Regel" mit europäischem Gemeinschaftsrecht (Zusammenfassung)*, Düsseldorf.

Kops, M. (2000): *Ist der Markt ein geeignetes Verfahren zur Bestimmung der Einkommen von Fußballspielern?*, in: Schellhaaß, H. M. (Hrsg.): Sportveranstaltungen zwischen Liga- und Medieninteressen, Verlag Karl Hofmann, Schorndorf, S. 123-135.

Lehmann, E. & Weigand, J. (1997): *Money Makes the Ball Go Round. Fußball als ökonomisches Problem*, in: IfO Studien, 43. Jg., Heft 3, S. 381-409.

Pache, E. & Weber, C. (2006): *Der Europäische Gerichtshof im Abseits? – Ausländerklauseln, Ablösezahlungen und das Europäische Freizügigkeitsrecht*, in: Weigand, H. G. (Hrsg.), Fußball - eine Wissenschaft für sich, Verlag Königshausen und Neumann, Würzburg, S. 207-222.

Riedl, L. & Cachay, K. (2002): *Bosman-Urteil und Nachwuchsförderung. Auswirkungen der Veränderung von Ausländerklauseln und Transferregelungen auf die Sportspiele*, Verlag Karl Hofmann, Schorndorf.

Schellhaaß, H.-M. & May, F.-C. (2002): *Die neuen FIFA-Regeln zur Transferentschädigung*, in: Zeitschrift für Betriebswirtschaft, Ergänzungsheft 4/2002, S. 127-142.

Schellhaaß, H.-M. & May, F.-C. (2003): *Die ökonomischen Institutionen des Spielermarktes im Fußballsport – Eine Analyse des FIFA-Transferreglements*, in: Dietl, H.-M. (Hrsg.): Sportökonomie 5, Schorndorf, S. 235-258.

Swieter, D. (2002): *Eine ökonomische Analyse der Fußball-Bundesliga*, Duncker & Humblot, Berlin.

Thomé, M. (2003): *Ausländer in der Fußball-Bundesliga*, in: Volkskunde in Rheinland-Pfalz, Nr. 18/2, Mainz, S. 154-178.

Trommer, H.-R. (1999): *Die Transferregelungen im Profisport im Lichte des "Bosman-Urteils" im Vergleich zu den Mechanismen in bezahlten amerikanischen Sport*, Band 4, Berlin.

Von Freyberg, B. (2005): *Transfergeschäft der Fußballbundesliga: Preisfindung und Spielerwertbestimmung*, Erich Schmidt Verlag, Berlin.

Verzeichnis der verwendeten Internetquellen

DFB: *Statistik Zuschauer-Zahlen*, letzter Abruf am 09.05.2010: http://www.dfb.de/index.php?id=82912.

Die Welt: *Boateng verlässt den HSV – Ablöse: 12,5 Millionen Euro*, letzter Abruf am 23.05.2010: http://www.welt.de/die-welt/vermischtes/hamburg/article7173023/Boateng-verlaesst-den-HSV-Abloese-12-5-Millionen-Euro.html.

FIFA: *Mit kleinem „Wolfsrudel" in die Gruppenphase*, letzter Abruf am 10.05.2010: http://de.fifa.com/worldfootball/clubfootball/news/newsid=1099610.html.

Fußballdaten: *Die Champions League*, letzter Abruf am 15.05.2010: http://www.fussballdaten.de/championsleague/.

Fußballdaten: *Die Europameisterschaft*, letzter Abruf am 20.04.2010: http://www.fussballdaten.de/em/.

Fünfjahreswertung: *Online Datenbank 5 Jahres Wertung*, letzter Abruf am 10.05.2010: http://www.5-jahres-wertung.de/APD/Online/datenbank-5-Jahres-Tabelle.htm.

Transfermarkt-Datenbank: *Alle Transfers*, letzter Abruf am 10.05.2010: http://www.transfermarkt.de/de/statistiken/wettbewerbe/transfers.html.

Transfermarkt-Datenbank: *Mannschaften der 1. Bundesliga*, letzter Abruf am 14.04.2010: http://www.transfermarkt.de/de/1-bundesliga/startseite/wettbewerb_L1.html.

Transfermarkt-Datenbank: *Meistermannschaften im Überblick*, letzter Abruf am 20.04.2010: http://www.transfermarkt.de/de/default/uebersicht/erfolge.html.

Transfermarkt-Datenbank: *Transferrekorde International*, letzter Abruf am 09.05.2010: http://www.transfermarkt.de/de/statistiken/transferrekorde/transfers.html.